LA CIVILITE' MORALE DES ENFANS.

Composee en Latin par ERASME.

Traduicte en Françoi par CLAVDE HARDY *Parisien, eagé de neuf ans,*

A PARIS,

Par IEAN SARA, ruë S. Iean de Beauuais, deuant les Escholes de Decret.

M. DC. XIII.

AV ROY.

SIRE,

Les autels sacrez demeure-
roient perpetuellement desgarnis
d'offrandes, si l'on ne presentoit
à Dieu que celles qui sont dignes
de son immesurable grandeur.
C'est pourquoy ce grand Legis-
lateur des Lacedemoniens Ly-
curge ordonna que les sacrifices
feussent faicts de choses petites
& aysees à recouurer, afin que

ã ij

le peuple peut plus ſouuent &
auec plus de facilité ſacrifier,
& rendre graces & louanges
aux Dieux. Les ROIS fils aiſneƶ
du Tout-puiſſant, & auſquels
il a baillé en partage la domination de la terre, ne receuroient
iamais de preſens, ſ'ils n'acce-
ptoient que ceux qui correſpon-
dent à leur royale Maieſté.
Mais comme la plus agreable
victime que nous pouuons of-
frir à Dieu, c'eſt le cœur:
auſſi les ROIS ayans eſ-
gard à l'affection de leurs hum-
bles ſubiects, ne reiectent iamais
les dons qui leurs ſont faicts,
meſmes les plus petits, comme eſt
celuy que ie vous offre, qui n'eſt

nullement proportionné à vo-
stre qualité supréme, & moins
encores à vostre çage appro-
chant de la maiorité. Vous ne
pouuez esperer d'vn petit escho-
lier quelque chose de grand, si
vous ne prenez en payement,
comme monnoye de bon aloy, sa
bonne volonté, qui en grandeur
ne cedera iamais à nulle au-
tre.

Si vous diray-ie, auec verité,
que si ceste traduction vous est
aucunement agreable, que toute
la ieunesse de vostre Royaume,
de quelque qualité qu'elle puisse
estre, se plaira en la lecture d'i-
celle, & qu'elle en pourra tirer
vn proffit singulier, soit pour la

pieté, soit pour la ciuilité des
mœurs, oultre qu'elle pourra seruir à ceux, qui seront desireux
d'apprendre quelque chose en la
langue Latine.

Depuis que i'ay eu le bon-heur
d'auoir, par vn heureux rencontre, parlé à vostre Maiesté dedans vostre iardin des Thuille-
ries, par deux diuerses fois, &
apres auoir remarqué tant de
rares perfections que le ciel pro-
digue a thesaurisé en vostre personne, i'ay mille fois pensé combien est heureuse la condition de
ceux qui sont proches de vous,
& sont employez à vostre seruice, sans esperer iamais de ma
bonne fortune autre chose, si-

AV ROY.

non que d'auoir l'heur d'eſtre
recongneu de vous comme celuy
qui deſire eſtre toute ſa vie,

SIRE,

De voſtre royale Maieſté,

Tres-humble ſeruiteur
& ſubiet,
CLAVDE HARDY.

A Paris au mois
d'Aouſt 1613.

Qui faict honneur aux Rois,
il faict honneur à Dieu:

Les Princes & les Rois tiennent
le premier lieu

Apres la Deïté.

RONSARD.

QVO SEMEL EST
imbuta recens seruabit
odorem
Testa Diu.
Horat,

DESID. ERASMI
Roterodami.

De Ciuilitate morum puerili.

LIBELLVS.

ITER maximum illum Paulum non piguit omnia fieri omnibus, quò prodeſſe poſſet omnibus : quanto minus ego grauari debeo iuuandæ iuuentutis amore ſubinde repueraſcere ? Itaque quemadmodum pridem ad Maximiliani fratris tui primam adoleſcentiam memet accommodaui, dum adoleſcentulorum formo linguam : ita nunc me ad tuam attempero pueritiam, de puerorum moribus præcepturus : non quòd tu hiſce præſcriptis magnopere egeas, primum ab incunabilis inter aulicos educatus, mox nactus tam inſignem formandæ rudis

3

Traicté de Erasme de la Ciuilité morale des enfants.

Traduict en François par Claude Hardy Parisien, eagé de neuf ans.

I ce, trois fois, tres-grand personnage S. Paul ne s'eſt deſpleu d'eſtre faict toutes choſes pour tous, afin qu'il peuſt proficter à chacun: Combien moins me doibt il deſplaire de rajeunir & retourner comme en enfance; pour l'affection que j'ay de ſeruir à la jeuneſſe. Partant comme depuis quelque temps ie me ſuis accommodé à la premiere adoleſcence de voſtre frere Maximilian, apprenant aux enfants à parler. Pareillement ie veux m'aſſubjectir à voſtre enfance, en vous donnant quelques enſeignements des mœurs des petits enfants, ou de la Ciuilité puerile; non pour autant que vous ayez beaucoup beſoing de ces preceptes; En premier lieu eſtant nourry & eſleué dés le berceau entre les gens de Cour, & incontinent apres ayant faict

A ij

ætatis artificem : aut quòd omnia quæ
preſcribemus, ad te pertineant, & è prin-
cipibus & princatui natum : ſed vt liben-
tius hæc ediſcant omnes pueri, quod am-
pliſsimæ fortunæ ſummæque ſpei puero dicata ſint. Nec enim mediocre calcar addet
vniuerſæ pubi, ſi conſpexerint heroum
liberos à primis ſtatim annis dicari ſtudiis,
& in eodem cum ipſis ſtadio currere.

Munus autem formandi pueritiam,
multis conſtat partibus : quarum ſicuti
prima, ita præcipua eſt, vt tenellus animus imbibat pietatis ſeminaria : proxima,
vt liberales diſciplinas & amet & perdiſ-
cat : tertia eſt, vt ad vitæ officia inſtrua-
tur, quarta eſt, vt à primis ſtatim æui ru-
dimentis ciuilitati morum aſſueſcat. Hanc
poſtremam nunc mihi propriè ſumpſi,
nam de ſuperioribus cùm alij complures,
tum nos quoque permulta ſcripſimus.
Quanquam autem externum illud corporis decorum ab animo benè compoſito pro-

rencontre d'vn Maiftre tant expert & habile
à dreffer & façonner vne jeuneffé, encores rude & mal inftruiate, ou que toutes les chofes que nous vous auons prefcriptes & ordonnees vous regardent aucunement, vous
qui auez tiré voftre origine des Princes, &
qui eftes nay pour vn iour tenir la principau-
té : Mais afin que les petits enfants appren-
nent ces chofes plus volontiers, d'autant
qu'elles font dediees à vn enfant de tref-no-
ble maifon & de tref-grande efperance ; Car
cefte confideration ne donnera pas peu de
courage & d'emulation à toute la jeuneffe,
quand elle confiderera que les enfants des
grands Princes s'applicqueront aux eftudes
dés leur premiere jeuneffe, & qu'elle les verra
courir vne mefme carriere.

Mais le debuoir d'inftruire la jeuneffe con-
tient plufieurs parties, defquelles comme la
premiere, auffi la principalle eft que l'efprit
tendrelet de l'enfant foit inftruit à la pieté ; la
feconde, qu'il aime & apprenne les arts libe-
raux ; la troifiefme, qu'il foit dreffé à l'entre-
gent d'vne vie ciuile ; la quatriefme, que dés
les premiers rudiments de fon eage il f'accou-
ftume à la Ciuilité morale : Maintenant j'ay
particulierement entreprins cefte derniere
partie, ayant auec beaucoup d'autres, efcript
plufieurs chofes fur les trois premiers points :
Mais combien que la bonne grace du corps
procede d'vn efprit bien compofé ; toutesfois par la negligence des Precepteurs, nous

Quatre cho-
fes requifes
pour l'inftru-
ction de la
ieuneffe.

A iij

ficifcitur , tamen incuria praceptorum
nonnunquam fieri videmus , vt hanc interim gratiam in probis & eruditis homi-
nibus defideremus . Nec inficior hanc effe
crafsifsimam philofophiæ partem, fed ea
(vt funt hodie mortalium iudicia) pluri-
mùm condecit & ad conciliandam bene-
uolentiam , & ad præclaras illas animi dotes oculis hominum commendendas.

Decet autem vt homo fit compofitus
animo , corpore, gestibus , ac vestitu: fed
in primis pueros decet omnis modeStia, &
in ijs præcipuè nobiles . Pro nobilibus autem habendi funt omnes , qui ftudiis liberalibus excolunt animum . Pingant alij in
clypeis fuis Leones , aquilas, tauros & leo-
pardos : plus habent veræ nobilitatis , qui
pro infignibus fuis tot poffunt imagines
depingere, quot perdidifcerunt artes liberales.

Vt ergo bene compofitus pueri animus
vndique reluceat (relucet autē potifsimum
in vultu)fint oculi placidi, verecūdi, com-
pofiti ; non torui, quod eft truculentiæ:
non improbi , quod eft impudentiæ : non
vagi ac volubiles , quod eft infaniæ : non
limi , quod eft fufpicioforum, & infidiæ

voyons quelquesfois arriuer que nous defi-
rons ceste bonne grace és gens de bien & de
fçauoir, ie ne veux pas nier que ce ne soit la
plus grossiere partie de la Philosophie,
(mais comme sont pour le iourd'huy com-
posez les iugemens des hommes) elle profite
grandement pour acquerir la bienueillance
d'vn chacun, & rendre recommandables aux
yeux de tout le monde cesbelles perfections
de l'ame.

Mais il faut que l'enfant soit bien composé ᴹ*Modestie is*
d'esprit, de corps, & de gestes, qu'il soit *enfans.*
proprement couuert & habillé, & que la
modestie principalement l'accompaigne, qui
est sur tout conuenable & necessaire à la noblesse : Mais ceux-là seulement doiuent estre
estimez nobles qui ornent & embellissent
leurs esprits des arts & sciéces liberalles. Que
les autres peignent en leurs armoiries des li-
ons, des aigles, des taureaux, & des leopards,
ceux la vrayement tiennent plus de la vraye
Noblesse, qui peuuent peindre en leurs armes autant de choses differentes qu'ils ont
apprins d'arts & de sciences.

Afin donc que l'esprit bien sage de l'enfant *Les yeux.*
reluise de toutes parts (qui est cogneu princi-
pallement en la veuë) il faut que ses yeux soiét
agreables, honteux & aucunement arrestez:
non de trauers, qui rend tesmoignage de cruauté, ne haguarts, qui est signe d'impudence,
non esgarez, & se tournants çà & là, qui est le
propre d'vn fol, ny louches, qui appartient à
ceux

molientium : nec immodicè diducti, quod
est stolidorum : nec subinde conniuentibus
genis ac palpebris, quod est inconstantium:
nec stupentes, quod est attonitorum : id
quod in Socrate est notatum : nec nimium
acres, quod est iracundiæ signum : non
innuentes ac loquaces, quod est impudici-
tiæ signum : sed animum sedatum ac reuerenter amicum præ se ferentes. Nec enim
temere dictum est à priscis sapientibus,
animi sedem esse in oculis. Picturæ quidem veteres nobis loquuntur, olim singu-
laris cuiusdam modestiæ fuisse, semiclusis
oculis obtueri: quemadmodum apud His-
panos quosdam, semipætos intueri blandum haberi videtur & amicum. Itidem
ex picturis discimus, olim contractis stri-
ctísque labiis esse, probitatis fuisse argumē-
tum. Sed quod suapte natura decorum est,
apud omnes decorum habetur. Quanquam
in his quoque decet interdum nos fieri po-
lypos, & ad regionis morem nosmet at-
temperare. Iam sunt quidam oculorum
habitus, quos alijs alios addit natura, qui
non cadunt sub nostras præceptiones: nisi
quòd incompositi gestus non rarò vitiant,
non solum oculorum, verumetiam totius

cor-

ceux qui font en quelque deffiance, & ma-
chinent quelque trahifon, ne trop ouuerts
qui conuient aux eftourdis, ne clingnants
fouuent, qui eft notte d'inconftance ; n'y
eftonnez, qui appartient aux gens efperdus,
Ce qui a efté trouué mauuais en la perfonne
de Socrate, ne trop affreux, qui eft le figne
d'vn homme courroucé, ne lafcifs & attray-
ants, par vn langage muet, qui eft figne d'im-
pudicité, mais faifans paroiftre vn efprit pofé
& amiable auec reuerence : Car jamais cela
n'a efté dit temerairemét par les anciens Phi-
lofophes, que le fiege de l'ame eft aux yeux.
Les peintures anciennes nous tefmoignent
que iadis l'on tenoit pour vne finguliere modeftie de regarder les yeux ademy clos, tout
ainfi qu'entre les Efpagnols l'on repute chofe
courtoife & amiable, de regarder ayant les
yeux demy clos. Pareillemét nous apprenons
des peintures du temps paffé, que auoir les
leures ioinctes & ferrées, eftoit vn argument
de probité : Mais ce qui eft decent, & honnefte de fa nature, eft eftimé de tous bien feant
& conuenable : Combien qu'il conuienne
quelquesfois en ces chofes, reffembler au
Polype, & nous accommoder aux couftumes
& façons de faire du pays ; d'abondant il y a
quelques contenances des yeux, que la nature a donné aux vns d'vne façon, & aux autres
d'vne autre, lefquelles ne tombent & ne font
pas affubietties à nos enfeignements, finon
que les geftes & mauuaifes accouftumances

B

corporis habitum ac formam : contrà compositi, quod natura decorum est, reddunt decentius: quod vitiosum est, si non tollunt certè tegunt minuúntque. Indecorum est clauso oculorum altero quemquam obtueri. Quid enim hoc aliud est, quàm seipsum eluscare? Eum gestum thynnis ac fabris relinquamus.

Thynni pisces qui obliquo oculo inspiciunt.

Inde Prouerbialiter thynni more videre.

Sint exporrecta supercilia, non adducta, quod est toruitatis : non sublata in altum, quod est arrogantiæ: non in oculos depressa, quod est malè cogitantium.

Frons item hilaris, & explanata, mentem sibi bene consciam & ingenium liberale præ se ferens: non in rugas contracta, quod est senij: non mobilis, quod est erinaciorum: non torua, quod est taurorum.

A naribus absit mucoris purulentia, quod est sordidorum. Id vitium Socrati philosopho datum est probro. Pileo aut veste emungi, rusticanum: brachio cubitóue, salsamentariorum nec multo ciuilius id manu fieri, si mox pituitam vesti illinas. Strophiolis excipere narium recrementa decorum., idque paulisper auerso

souuentesfois gastent non seulement l'habitude & la forme des yeux: mais aussi de tout le
corps: Au contraire la bonne grace rend plus
agreable ce qui l'estoit de sa nature: que s'il y
a quelque chose de vitreux & difforme, si du
tout elle ne l'oste, certainement elle le corrige & le faict moindre. C'est chose deshonneste de regarder quelqu'vn d'vn œil ouuert
& l'autre clos; Car qu'est-ce autre chose faire,
que s'esborgner soy-mesme? Laisons ceste façon de faire aux Thons & aux Arbalestriers.

Que les sourcils soient estendus & non ren- *Des sourcils.*
frongnez, qui demonstrent cruauté, ny esle-
uez, qui tesmoignent vne arrogance, ny
abaissez dessus les yeux qui conuiennent aux
hommes qui ruminent quelque méchanceté.

Que le front soit gay, & sans ride, demon- *Du front.*
strant vne conscience nette de tout crime, &
faisant paroistre vn esprit & façon deliberee;
sans estre nullement renfrongné, comme il se
voit és vieillards, n'y remuant çà & là, qui est
le propre du herisson, ny de trauers, qui appartient aux taureaux.

Les enfants ne doibuent aucunement lais- *Du nez.*
ser de moruë en leur nez, qui est le propre des
ords & salles, duquel vice & salleté Socrates
a esté blasmé; mais se moucher à son bonet
ou à sa manche, appartient aux rustiques, se
moucher au bras & au coulde, conuient aux
Patissiers, & se moucher de la main, si d'a-
uenture au mesme instant tu la porte à ta robbe, n'est chose beaucoup plus ciuille: Mais

B ij

corpore, si qui adsint honoratiores. Si
quid in solum deiectum est emuncto duo-
bus digitis naso, mox pede proterendum
est.

Indecorum est subinde cum sonitu
spirare naribus: bilis id indicium est. Turpius etiam ducere ronchos, quod est furio-
sorum, si modò fiat vsu. Nam spiritosis
qui laborant orthopnœa, danda est venia.
Ridiculum, vocem naribus emittere: nam
id cornicinum est & elephantorum. Cris-
pare nasum, irrisorum & sannionum.

Si aliis præsentibus incidat sternutatio,
ciuile est corpus auertere: mox vbi se re-
miserit impetus, signare os crucis imagine: deim sublato pileo resalutatis qui vel
saluarunt, vel salutare debuerant (nam
sternutatio quemadmodum oscitatio,
sensum aurium prorsus aufert) precari
veniam aut agere gratias.

Alterum in sternutamento salutare
religiosum: & si plures adsunt natu maiores qui salutant virum aut feminam ho-
norabilem, pueri est aperire caput. Por-
rò vocis tinnitum studio intendere, aut
data opera sternutamentum, iterare ni-

receuoir les excrements du nez auec vn mouchoir, en se retournant vn petit des gens
d'honneur, est chose honneste: & si d'auenture quelque chose tomboit à terre en se
mouchant de deux doigs, il faut incontinent
marcher dessus.

C'est chose indecente de souffler haut du
nez, qui est vn tesmoignage de cholere, & est
encores chose plus l'aide de ronfler; Car il appartient aux furieux seulement, principalle-
ment si cela se fait auec accoustumance; mais
il faut pardonner à ceux qui ont la courte ha-
leine, & qui ne respirent qu'auec difficulté;
c'est aussi chose ridicule de parler du nez, qui
conuient aux corneilles & elephans, froncer
le nez appartiét aux mocqueurs & gausseurs.

Souffler du nez.

S'il aduient qu'il te faille esternuer en la pre-
sence d'autruy, c'est chose honneste de se
tourner vn petit, & à l'instant, apres que la
violence est passee, faire le signe de la Croix,
& puis apres oster son bonnet & saluer ceux
qui t'auront salué ou deu saluer: Car l'ester-
nuement & le baailler priue l'oreille de sen-
timent, il te faut aussi prier la compagnie de
t'excuser, ou la remercier.

De l'ester-nuement.

C'est chose religieuse de saluer celuy qui
esternuë: Si plusieurs gens eagez saluent quelque homme ou femme d'honneur, à qui il soit
arriué d'esternuer, le debuoir de l'enfant est
d'oster son chappeau, d'auantage c'est le propre des fols & glorieux de s'efforcer à esternuer hault, & de redoubler pour monstrer ses

Des toues.

B iij

mirum ad virium oftentationem nugo-
rum eft. Reprimere fonitum quem natura
fert, ineptorum eft, qui plus tribuunt ciuilitati, quàm faluti.

Malas tingat natiuus & ingenuus pudor, non fucus aut afcititius color. Quam-
quam is quoque fic temperandus eft, vt
nec vertatur in improbitatem, nec addu-
cat διτωπραν & ftuporem, & quartum
(vt habet prouerbium) infaniæ gradum.
Quibufdam enim hic affectus tam impo-
tens infitus eft, vt reddat deliranti fimil-
limum. Temperatur hoc malum, fi puer
inter maiores affuefcat viuere, & comœ-
diis agendis exerceatur. Inflare buccas,
faftus indicium eft: eafdem demittere, eft
animum defpondentis: alterum eft Thra-
fonis, alterum Iudæ proditoris.

Os ne prematur, quod eft metuentis alterius habitum haurire: nec hiet, quod eft
morionum: fed leuiter ofculantibus fe mu-
tuo labris coniunctum fit. Minus etiam
decorum eft fubinde porrectis labiis veluti
popyfmum facere: quanquam id magna-
tibus adultis per mediam turbam inceden-
tibus condonandum eft: illos enim decent
omnia, nos puerum formamus.

forces : Retenir le son que la nature excite,
c'est marque de folie, & attribuer plus à la
ciuilité, qu'à la santé.

Que les iouës de l'enfant soient teintes d'v- *Des ioües.*
ne honte naisue, sans fard & fausse couleur,
combien qu'il la faille tellement temperer,
qu'elle ne se tourne en meschanceté & trop
grande hardiesse, ne qu'elle apporte trop
grand estonnement, & comme dit le Prouerbe, le quatriesme degré de folie : Car il y en a
qui de leur naturel sont tellement timides, qui
sont presque semblable à celuy qui radote : Ce
deffault se peut corriger, si l'enfant s'accoustume à viure auec gens plus eagez que luy, &
s'il est exercé à ioüer des comedies : en-
fler les ioües, est vn tesmoignage d'orgueil,
& les retirer, est vn signe de m'esfiance,
l'vn est pour le glorieux, & l'autre pour le
traistre.

Que la bouche ne soit serree ; chose qui *De la bou-*
conuient à celuy qui craint de prendre l'ha- *che.*
leine d'autruy, qu'elle ne soit aussi ouuerte
comme appartient aux incensez : mais que
les leures soient conioinctes, s'entrebaisants
doucement l'vne-l'autre. C'est aussi chose
peu decente de faire des leures, comme si tu
applaudissois à vn cheual en sifflant, combien que cela se doibue pardonner aux grands
qui marchent en quelque grande foulle : Car
rien ne leur messiet : Mais nous voulons icy
dresser seulement les enfants.

Si d'auenture le baailler te presse, & si tu *Du baaille-*
ne   *ment.*

Si fors vrgeat oscitatio, nec datur
auerti aut cedere, strophio voláue tegatur
os, mox imagine crucis obsignetur.

Omnibus dictis aut factis arridere,
stultorum est : nullis arridere, stupido-
rum. Obscœnè dictis aut factis arridere,
nequitia est. Cachinnus & immodicus
ille totum corpus quatiens risus, quem ob
id Græci ϲαγκρύσιον appellant, nulli deco-
rus est ætati, nedum pueritiæ. Dedecet
autem quòd quidam ridentes hinitum
ædunt. Indecorus & ille, qui oris rictum
latè diducit corrugatis buccis, ac nudatis
dentibus, qui caninus est, & Sardonius
dicitur. Sic autem vultus hilaritatem exprimat, vt nec oris habitum dehonestet,
nec animum dissolutum arguat. Stultorum illæ voces sunt, risu diffluo, risu
dissilio, risu emorior : & siqua res adeò
ridicula inciderit, vt nolentibus eiusmodi
risum exprimat, mappa manúue tegenda
facies. Solum aut nullam euidentem, ob
causam ridere, vel stultiæ tribuitur, vel
insaniæ. Si quid tamen eiusmodi fuerit
obortum, ciuilitatis erit, aliis aperire risus causam, aut si non putes proferendam,
com-

Sardonius
risus à Sar-
dóe herba
quæ hominū
ora in rictus
dolore con-
trahit vt ri-
dentes emo-
riantur.

ne peux te tourner ou demarcher vn petit,
il te fault mettre ton mouchoir où ta main
deuant ta bouche, & faire le signe de la
Croix.

C'est le propre des fols de rire à tout pro- *Du rire.*
pos, & de ne rire d'aucune chose, appartient
aux stupides de rire de choses vilaines & des-
honnestes, c'est meschanceté : Outre plus,
ceste maniere & façon de rire qui esmeut tout
le corps, que les Grecs appellent καχρέσιαν
n'est honneste & decente à aucun eage, non *Rire à gorge*
pas mesme à la ieunesse : C'est aussi chose des- *desployee.*
honneste de rire en hennissant, comme il n'est
pas decent & seant de rire en eslargissant la
bouche, & en retirant les ioües, & descou-
urant les dents, car proprement c'est vn ris de
chien & Sardonien, mais il faut que le visage
soit tellement composé, qu'il demonstre vne
alegresse & non pas vn esprit dissolu, n'y aucune difformité de la bouche : Ce sont propos de fols de dire, ie pisse ou creue de rire,
ie pasme de rire, ou i'ay cuidé mourir de rire.
Et si le subiect qui se presente nous force mal-
gré nous à rire, alors il faudra se couurir le visage, ou de la seruiette, ou de la main : rire
tout seul sans aucune apparente raison, est vn
acte de sottise ou de pure folie. Et le cas adue-
nant qu'il soit eschappé de rire à l'enfant, cela
dependera de la ciuilité de declarer ouuerte-
ment la raison qui l'aura meu à rire, ou s'il n'est
à propos de le dire, il fault controuuer quelque cassade, afin que nul de la compagnie

C

commentitium aliquid adferre, nequis se
derideri suspicetur.

Superioribus dentibus labrum inferius
premere, inurbanum est: hic enim est mi-
nãtis gestus, queãdmodum & inferioribus
mordere superius. Quin & labrorum oras
lingua circunuoluta subinde lambere, ine-
ptum: porrectioribus esse labris, & ve-
lut ad osculum compositis, olim apud ger-
manos fuisse blandum, indicant illorum
picturæ. Porrecta lingua deridere quem-
quam, scurrile est.

Auersus expuito, ne quem conspuas
aspergásue. Siquid purulentius in terram
reiectum erit, pede (vt dixi) proteratur,
ne cui nauseam moueat.

Id si non licet, linteolo sputum excipito.
Resorbere saliuam, inurbanum est: quem-
admodum quosdam videmus non ex ne-
cessitate, sed ex vsu, ad tertium quodque
verbum expuere.

Quidam indecorè subtussiunt identi-
dem inter loquendum, idque non ex ne-
cessitate, sed ex more: is gestus est men-
tientium , & inter dicendum , quid

n'aye quelque ſoupçon que l'on veuille ſe moquer de luy.

C'eſt vne mauuaiſe contenance que de *Dene mor-* mordre ſes leures d'embas auec les dents *dreſes leures.* deſſus, & les leures de deſſus auec les dents d'embas : car c'eſt le geſte d'vn homme qui menace quelqu'vn . C'eſt auſſi choſe fort indecente de leicher le bord de ſes leures auec la langue, aduancer ſes leures, & côme les preparer à vn baiſer, eſtoit iadis vne côuſtume bien receuë entre les Alemans, comme il ſe peult remarquer par des anciens tableaux : C'eſt vn tour de bouffonnerie en tirant la langue ſe moquer de quelqu'vn.

Tourne ton viſage quand tu voudras cra- *Du cracher.* cher, afin que nul de la compagnie ne ſoit offenſé de ton crachement : Si tu as craché par terre, ou ſi tu t'y és mouché, il conuient marcher deſſus, comme i'ay cy-deuant dit, afin que perſonne n'en aye mal au cœur.

Si tu n'as moyen de te tourner, reçoy le crachat en ton mouchouer : Aualler ſa ſaliue eſt vne choſe deshonneſte, comme pareillement de cracher à chacun mot, comme nous en voyons beaucoup auſquels cela arriue d'ordinaire plustoſt par mauuaiſe accouſtumance que par neceſſité qu'ils en ayent.

D'abondant il y en a qui touſſent en parlant, par vne habitude qu'ils ont contractee, ſans qu'il en ſoit beſoin, mais telle façon de faire eſt propre à ceux qui ſe propoſent de mentir, & qui ſe veulent donner du temps

dicant comminiscentium.

Alij minus etiam decorè ad tertium quodque verbum eructant : quæ res si à teneris annis abierit in consuetudinem, hæret etiam in grandiorem ætatem. Idem sentiendum de screatu : quibus nominibus à seruo notatur Terentianus Clytipho. Si tussis vrgeat, caue ne cui in os tussias, & absit ineptia clarius tusiendi, quam natura postulet.

Vomiturus secede : nam vomere, turpe non est : sed ingluuie vomitum acersisse, deforme est.

Dentium mundities curanda est : verum : puluisculo eos candidare, puellarum est : sale aut alumine defricare, gingiuæ perniciosum : idem lotio facere Iberorum est.

Si quid inhæsit dentibus non cultello, non vnguibus, canum feliúmue more, non mantili eximendum est : sed vel lentisci cuspide, vel penna, vel ossiculis è gallorum aut gallinarum tibiis detractis.

Os mane pura aqua perluere, & vrbanum est & salubre ; subinde id facere, ineptum. De linguæ vsu, suo

pour penser à ce qu'ils doiuent dire.

Aucuns encores plus inciuils ne sçauroient dire trois mots sans roter: que si le ieune enfant dés son bas eage prend ceste mauuaise coustume, elle luy demeurera, il en faut autant dire du cracher, dont le Clitipho de Terence est blasmé par vn seruiteur : Si tu es pressé de la toux, garde toy de rousser en la bouche d'autruy, & prens bien garde de commettre ceste ineptie que de tousser plus hault que la nature ne le requiert.

Quand tu auras volonté de vomir, tire toy à quartier : car le vomissement n'est pas deshonneste, mais bien de le prouoquer par gourmandise. *Du vomissement.*

Il faut soigneusement prendre garde d'auoir les dents nettes : Car de les blanchir auec des poudres ; il n'appartient qu'aux filles les frotter de sel ou d'alun, est fort dommageable aux genciues, & se seruir de son vrine au mesme effet, c'est aux Espagnols à ce faire. *Des dents.*

S'il te reste entre les dents quelque chose, ne te sert du cousteau, ou de tes ongles pour les tirer, comme les chiens & les chats, ny auec la seruiette, mais auec la pointe d'vn curedent de lentisque, ou d'vne plume, ou de petits os tirez des pieds de chappons, ou des poulles bouillies.

C'est chose ciuille & salubre de lauer sa bouche d'eau nette le matin : mais de la lauer souuent, c'est vn acte qui est impertinent, de *De lauer la bouche.*

dicemus loco.

Rusticanum est impexo esse capite: adsit mundities, non nitor puellaris. Ab-
sint sordes lendium & vermiculorum.
Subinde scabere caput apud alios, parum
decet: quemadmodum vnguibus reliquum
fricare corpus, sordidum est præsertim si
fiat vsu; non neçessitate.

Coma nec frontem tegat, nec humeris
inuolitet. Subinde concusso capite discu-
tere capilitium, lasciuientium est equorum. Cæsariem à fronte in verticem læua
retorquere, parum elegans est: manu dis-
criminare, modestius.

Inflectere ceruicem, & adducere sca-
pulas, pigritiam arguit: resupinare corpus
fastus indicium est: molliter erectum decet. Ceruix nec in læuum, nec in dextrum
vergat: hyppocriticum enim: nisi colloquium, aut aliud simile postulet.

Humeros oportet æquo libramine
temperare, non in morem antennarum,
alterum attollere, alterum deprimere.

Nam huiusmodi gestus in pueris negle-

la langue, nous en parlerons en son lieu.

C'est à faire aux gens de village de ne se pei- *De nettoyer*
gner la teste : il faut que la teste soit tellement *la teste.*
nette qu'elle ne soit pas pourtant atiffee com-
me celle d'vne fille, c'est chose deshonneste
d'y voir des pouds & des lentes: En apres grater sa teste deuant quelqu'vn, & faire tomber
l'ordure qui en sort sur luy, c'est chose peu decente, tout ainsi que se grater auec les ongles
les autres parties du corps, c'est chose vilaine,
principalement s'il le fait auec accoustumance & non par necessité.

Les cheueux ne doiuent tomber sur le front,
n'y couurir les espaulles, esbranler ses cheueux
en secouant la teste, c'est le propre des cheuaux qui se panadent, de releuer les cheueux
du front en hault auec la main gauche, c'est
chose peu seante, mais il est plus à propos de
les demesler auec la main droite.

Baisser le col & serrer les espaules, c'est vn *Qu'il faut*
tesmoignage de paresse, se pancher en arriere *tenir le corps*
est vn indice d'arrogance, & se tenir droict *droit.*
sans aucune contraincte, est chose decente:
Que le col ne soit panché, ny à gauche, ny a
droict, d'autant que cela resent son hypocri-
te, si ce n'est que le discours ou autre chose
semblable le requiert.

Il faut que les espaules soient portees par vn *Antenne les*
contrepoix mesuré, & non à la façon des an- *bois trauer-*
tennes en hausser l'vne, & abbaisser l'au- *sant le mas*
tre. *de la nauire*
en haut où
Car telles façons de faire tollerees en ce bas *est attaché le*
voile.

cage

ἔτι, *vertuntur in naturam & corporis habitum præter nacuram deformant. Itaque qui præ desidia collegerunt consuetudinem inflectendi corpus, sibi gibbum conciliant, quem naturæ non dederat : & qui deflexum in latus caput habere consueuerunt, in eum habitum indurescunt, vt adulti frustra mutare nitantur. Siquidem tenera corpuscula plantulis simila sunt, quæ, in quacunque speciem furca funiculóue deflexeris, ita crescunt & indurescunt. Vtrunque brachium introrsum retorquere, simul & pigritiæ speciem habet & furoris : neque multo decentius est altera manu in illia inieCta stare sederéue, quod tamen quibusdam elegans ac militare videtur. At non statim honestum est, quod stultis placuit, sed quod naturæ & rationi consentaneum est. Reliqua dicentur quum ad colloquium & conuiuium ventum erit.*

Membra quibus natura pudorem addidit, retegere citra necessitatem, procul abesse debet ab indole liberali. Quin vbi necessitas huc cogit, tamen id quoque decente verecundia faceendum est, etiam si nemo testis adsit. Nunquam enim non adsunt

eage se changent en nature, & rendent le
corps de l'enfant difforme contre son naturel:
De sorte que ceux qui ont prins ceste accoustumance de se courber deuiennent en fin
bossus & contrefaicts, encores que naturel-
lement ils eussent le corps droit, & ceux qui
ont accoustumé d'auoir la teste de costé s'endurcissent en ceste mauuaise habitude ; tellement que paruenus en eage pour neant ils se
trauaillent de la changer, parce que les corps
encores tendres ressemblent aux plantes &
arbrisseaux, lesquels sont pliez & courbez en
telle sorte que nous voulons, & ainsi croif-
sent & endurcissent : Mettre les deux bras sur
le dos, c'est vn tesmoignage de paresse & de
furie, & n'est pas beaucoup plus decent d'a-
uoir la main au costé, estant assis ou debout:
Ce que neantmoins aucuns trouuent beau &
propre à la contenance d'vn gendarme : Mais
les choses qui plaisent aux gens maladuisez ne
sont pas tousiours honnestes, comme sont
celles qui sont conformes & conuenables à la
nature & à la raison : Nous parlerons du reste
alors que nous traicterons de la table, & des
discours qui s'y doiuent tenir.

    L'enfant bien né ne doit sans qu'il en soit *Faut cacher*
de besoin descouurir les parties de son corps *les parties*
esquelles la nature a placé quelque honte, & *honteuses.*
s'il y est contrainct par quelque necessité, il le
doit faire auec quelque vergongne bien sean-
té, quand mesme il ne seroit regardé de personne : Car les Anges qui sont tousiours pre-

D

sunt angeli, quibus in pueris gratißimus
est puditicia comes custósque pudor. Quorum autem conspectum oculis subducere
pudicum est, ea multo minus oportet alie-
no præbere contactui.

Lotium remorari, valetudini perniciosum: secretò reddere, verecundum.
Sunt qui præcipiant, vt puer cumpreßis
natibus ventris flatum retineat. Atqui
ciuile non est, dum vrbanus videri studes,
morbum accerßere: Si licet secedere, solus
id faciat: sin minus, iuxta vetustißimum
prouerbium, Tußi crepitum dißimulet.
Alioqui cur non eadem opera præcipiunt
ne aluum deiiciant, quum remorari flatum periculosius sit, quàm aluum strin-
gere?

Diductis genibus sedere aut diuaricatis
tibiis distortisue stare, Thrasonum est.
Sedenti coëant genua, stanti pedes, aut
certè modicè diducantur. Quidam hoc ge-
stu sedent, vt alteram tibiam in altero genu suspendant: nonnulli stant decussatim
compositis tibiis: quorum alterum est an-

fens fe refiouiffent de voir és enfans la honte
compagne & gardienne de la pudicité: Mais
comme c'eft chofe honnefte & pudicque
d'efloigner de la veuë d'autruy telles parties
du corps : beaucoup moins doit on permettre à quelqu'vn d'y toucher & mettre la
main.

Se garder d'vriner, eft dommageable à la *Qu'il ne faut*
fanté: mais fe tirer à part pour rendre l'vrine, *retenir fon*
eft chofe digne de la honte requife à vn en- *vrine, ny le*
fant : Il y en a quelques vns qui commandent *fon du ven-*
que l'enfant retienne la ventofité du ventre, *tre.*
ferrant les feffes: Mais ce n'eft pas chofe ciuile
de fe caufer vne maladie pour auoir la reputa-
tion d'eftre bien apprins : S'il luy eft loifible
de f'efloigner de la côpagnie, qu'il lafche fon
vent eftant ainfi à l'efcart, finon qu'il defgui-
fe, felon l'ancien prouerbe, le fon du ventre
par vn touffement : Autrement pourquoy
n'ordonnent ils pas par femblable raifon
qu'ils f'empefchent d'aller à la garderobbe,
veu qu'il eft plus dangereux de retenir fon
vêt que de f'abftenir des neceffitez de nature.

C'eft imiter le glorieux Trafon de Terence, *De fe tenir*
que de fe feoir les genouils ouuerts, & de *droit.*
brandiller ou entortiller fes iambes : Quand
tu feras affis prends garde à ioindres tes genouls, & quand tu feras debout tiens tes
pieds proches l'vn de l'autre, au moins qu'ils
ne foiêt que moyennemét efloignez: Aucuns
font affis auec cefte mauuaife grace qu'ils font
paffer la iambe par deffus le genouil: Les au-

D ij

xiorum , alterum ineptorum . Dextro
pede in læuum femur inietto federe, prif-
corum regum mos est , fed improbatus.
Apud Italos quidam honoris gratia pe-
dem alterum altero premunt , vnique
propemodum infistunt tibiæ , ciconia-
rum ritu : quod an pueros deceat nef-
cio.

Itidem in flettendis genibus aliud apud
alios decet dedécetve . Quidam vtrunque
pariter inflettunt : idque rurfus alij retto
corpore , alij nonnihil incuruato . Sunt
qui hoc ceu muliebre rati , fimiliter er-
retto corpore primùm dextrum incur-
uant genu, mox finiftrum : quod apùd
Britannos in adolefcentibus laudis datur.
Galli modulato corporis circumattu,
dextrum duntaxat inflettunt . In his
quibus varietas nihil habet cum honefto
pugnans, liberum erit vel vernaculis vti
moribus , vel alienis obfequundare,
quando funt quos magis capiant peregri-
na.

tres sont debout, ayans les bras croisez, &
les iambes ioinctes estroictement, desquelles
façons de faire, l'vne est propre aux resueurs
& songe-creux, & l'autre aux gens grossiers
& mal apprins. Se seoir ayant sa iambe droicte
iettee sur la gauche, estoit vne ancienne coustume des Rois, mais maintenant elle est re-
prouuee. Les Italiens par respect mettent vn
pied sur l'autre, & se soustiennent quasi sur
vne iambe, à la mode des Cigongnes, mais
ie ne sçaurois bonnement dire si cela est decent à l'enfant.

   Pareillement en vn païs, vne façon de fles-
chir les genouls & faire la reuerence est bien
receuë, laquelle en autre païs donneroit subiect de rire & de se moquer. Quelques-vns
ployent les deux genouls ensemble, & entre
ceux-là, les vns tiennent le reste du corps
droit, & les autres le panchent aucunement;
il y en a d'autres qui estimans ceste façon de
faire la reuerence n'estre seulement conuenable qu'à la femme, ployent en premier lieu le
genouil droit, & puis le gauche au mesme instant, & ceste maniere de reuerence est re-
cōmendable en la ieunesse de Bretaigne. Les
François contournant doucemēt le corps
fleschissent seulemēt le genouil droit és choses ou la varieté n'a rien de repugnāt à la bien-
séáce; il sera en la liberté de chacun de practi-
quer l'vsance du païs, ou suiure les façōs estrā-
geres; cōme il s'en trouue aucuns ausquels elles plaisent d'auantage que celles de leur païs.

Comment il conuient fai- re la reueren- ce.

            D iij

*Incessus nec fractus sit, nec præceps:
quorum alterum est mollium, alterum fu-
riosorum : nec vacillans, quod à Fabio
improbatur. Nam ineptam incessu sub-
claudicationem Suiceris militibus relinquamus, & iis qui magnum ornamen-
tum ducunt, in pileo gestare plumas. Se-
dentem pedibus ludere, stultorum est:
quemadmodum & manibus gesticulari,
parum integræ mentis indicium est.*

DE   CVLTV.

*In summa dictum est de corpore: nunc
de cultu paucis, eo quòd vestis quodammodo corporis corpus est, & ex hac quoque licet habitum animi coniicere. Quanquam hîc certus præscribi modus non potest, eo quòd non omnium par est vel fortuna, vel dignitas, nec apud omnes nationes eadem decora sunt aut indecora: po-
stremò nec omnibus seculis eadem placent
displicéntve. Vnde quemadmodum in
aliis multis, ita hîc quoque nonnihil tri-
buendum est (iuxta prouerbium) νόμω ᾧ
χώρα, atque etiam καιρῷ cui seruire iu-
bent sapientes.*

*Est tamen in hisce varietatibus, quod
per se sit honestum aut secus, velut illa*

Que le ieune enfant ne foit aperceu en cheminant, ny trop lent, ny trop hafté : Car l'vn
reffent l'effeminé, & l'autre le furieux : qu'il *Du mar-*
ne marche auffi chancelant ça & là ; ce que *cher.*
Fabius a trouué blafmable & vicieux. Car
nous quicterons aux Suiffes cefte façon de
clocler à demy en marchant ; & à ceux qui fe
trouuent bien braues de porter le pannache
au chappeau ; fe iouer des pieds alors que l'on
eft affis, eft le propre d'vn fol, comme auffi
de remuer les mains mal à propos, c'eft vn
tefmoignage de foibleffe d'efprit.

Nous auons dit en fomme ce qui eft de la *Des habille-*
decence du corps, maintenant parlons des *mens.*
veftemens, d'autant que les habits font aucunement le corps du corps mefme, & que par
iceux l'on peut pareillement coniecturer quel
eft l'efprit de celuy qui le porte : Combien
qu'en ce lieu il foit impoffible de prefcrire &
ordonner vne mode certaine, pour n'eftre la
fortune n'y dignité de tous efgale, & qu'en
tous pays les mefmes chofes ne font honneftes & deshonneftes, ou bien & mal feantes,
& d'abondant qu'en tous fiecles les mefmes
chofes ne plaifent ou défplaifent : Tellement
qu'ainfi qu'en beaucoup d'autres chofes ; pareillement faut-il donner quelque chofe &
ceder, comme dit le prouerbe, *à la loy & au*
lieu, & mefmement au temps auquel les fages
commandent d'obeir.

Toutesfois parmy ces varietez il y a quelques chofes qui de foy font honneftes ou des-
hon-

quæ nullum habet vsum cui paratur
vestis.

Prolixas trahere caudas in fœminis ri-
detur, in viris improbatur.

*Indumenta
minutißimis
filis contextu
Iuuen, Sat.
2. sed hic pro
veste breuiori
vsurpantur,
sed nusquam
in hoc sensu
reperiuntur.

* Multitia nunquam non probro data
sunt tum viris, tum fœminis : quando-
quidem non est alter vestis vsus, nisi vt
ea tegat quæ impudicè ostenduntur oculis
hominum.

Olim habebatur parum virile, discin-
ctum esse : nunc idem nemini vitio verti-
tur, quòd indusiis, subuculis, & caligis
repertis tegantur pudenda, etiamsi dif-
fluat tunica : Aloqui vestis breuior
quàm vt inclinati tegat partes quibus
debetur honos, nusquam non inhonesta
est.

Dissecare vestem, amentium est : pi-
cturatis ac versicoloribus vti, morionum
est ac simiorum. Ergo pro modo faculta-
tum ac dignitatis, próque regione & more adsit cultui mundities, nec sordibus no-
tabilis, nec luxum aut lasciuiam aut fa-
stum præ se ferens. Neglectior cultus decet

honneftes, comme celles qui ne feruent nullement à l'vfage, pour lequel les veftemens
nous font preparez.

L'on fe moque des femmes qui trainent de
longues queues, mais pour le regard des hommes, cela eft totallement improuué & reiecté.

Les veftemens trop courts ont de tout
temps efté blafmez pour l'vn & l'autre fexe:
Car l'vfage des veftemés n'eft à autre effect, finon pour cacher les parties du corps qui ne
peuuét eftre qu'impudiquemét d'efcouuertes.

On eftimoit iadis chofe peu decente à l'hô-
me de le voir fans ceinture ou baudrier; maintenant cela ne tourne à vitupere à perfonne,
d'autant que depuis l'inuention des chemifes
& des chauffes, encores que la robbe f'eften-
de & foit rebrouffee par le vent, les parties
honteufes demeurent couuertes, autrement
l'habit qui eft fi court, qui ne couure les parties que la honte nous commande de cacher,
iamais en quelque forte que ce foit n'eft reputé honnefte.

Il n'appartient qu'aux incenfez de de-
chiqueter leurs habillemens, & porter des
habits bigarrez de diuerfes couleurs, eft le
propre des fols & des finges: il faut donc que
chacun, felon fes commoditez, felon le rarg
qu'il tient, & les vs & couftumes des lieux,
foit proprement veftu, qu'il n'y ait rien de
reprehenfible pour eftre trop fordide, & qu'il
n'y apparoiffe rien de luxe, de fomptuofité,
ny d'arrogance. Eftre aucunement negligent

E

cet adolescentes , sed citra immundi-
tiam.

Indecorè quidam interularum ac tuni-
carum oras aspergine lotij pingunt, aut
sinum bracchialiáque indecoro tectorio
incrustant, non gypso, sed narium & oris
pituita.

Sunt quibus vestis in alterum latus
defluit, aliis in tergum ad renes vsque:
nec desunt quibus hoc videatur elegans.
Vt totum corporis habitum & mundum
& compositum esse decet, ita decet illum
corpori congruere.

Siquid elegantioris cultus dedere parentes, nec teipsum reflexis oculis con-
templere, nec gaudio gestias, aliisque
ostentes: nam alterum simiarum, alterum
pauonum, mirentur alij, tu te bene cultum
esse nescias. Quo maior est fortuna, hoc
est amabilior modestia. Tenuioribus in
conditionis solatium concedendum est, vt
moderatè sibi placeant. At diues osten-
tans splendorem amictus, aliis suam ex-

& peu curieux de fes veftemens, eft toleré és
ieunes enfans, mais fi faut-il que toute ordure & falleté en foit efloignee.

Quelques-vns gaftent & falliffent leurs
robbes & leurs chemifes, faifans tomber leur
vrine deffus, ou fe mouchent fur la manche,
ou fur le deuant de leurs veftemens, & y font
vn enduiĉt mal honnefte, non de plaftre,
mais de la pituite qui leur fort du nez, ou de
la bouche.

Il y en a d'autres qui laiffent couler leur
robbe d'vn cofté; & les autres laiffent tomber leurs robbes par derriere iufques deffus les
rheins, & f'en trouuent aucuns qui reputent
cela comme chofe bien feante, mais comme
il eft requis que tous les veftemens du corps
foyent proprement & nettement accommo-
dez, auffi faut-il qu'ils fe rapportent à la pro-
portion du corps.

Si ton pere & ta mere t'ont donné quelque
habit plus riche & plus beau que celuy que tu
portes d'ordinaire, ne te regarde point d'vne
façon fuperbe, ne t'en refioüis point deme-
furement, en le monftrant aux autres : Car
l'vn eft le propre des finges, & l'autre des
Paons. Que chacun f'eftonne de te veoir
en fi bon equippage, mais fais femblant
d'en eftre toy mefme ignorant : Dautant que
plus ta fortune eft meilleure, & tant plus la
modeftie te doit eftre recommandable.
Il faut permettre aux gens de baffe condition de fe glorifier moderement de leur for-

probrat miſeriam , ſibíque conflat inui-
diam.

Quoties fores templi præteris , nudato
caput , ac modicè flexis genibus , & ad
ſacra verſo vultu , Chriſtum diuóſque ſa-
lutato . Idem & aliàs faciendum , ſiue in
vrbe , ſiue in agris , quoties occurrit ima-
go crucis . Per ædem ſacram ne tranſieris,
niſi ſimili religione ſaltem breui preca-
ciuncula Chriſtum appelles , idque rete-
éto capite , & vtroque genu flexo.

Quum ſacra peraguntur , totum cor-
poris habitum ad religionem decet conpo-
nere· Cogita illic præſentem Chriſtum
cum innumeris angelorum millibus . Et
ſiquis regem hominem alloquuturus cir-
cunſtante procerum corona , nec caput
aperiat , nec genu flettat , non iam pro
ruſtico , ſed pro inſano haberetur ab om-
nibus : quale eſt , illic opertum habere ca-
put , eretta genua , vbi adeſt rex ille regum
immortalis , & immortalitatis largitor?
vbi venerabundi circunſtant ætherei ſpi-
ritus ? Nec refert ſi eos non vides , vi-
dent illi te : nec minus certum eſt illos

tune, & leur accorder cela comme vne espece
de soulas, mais le riche qui faict ostentation
de la splendeur de ses vestemens, faict vne
forme de reproche aux autres de leur misere,
& se procure de l'enuie.

Toutes & quantesfois que tu passes deuant *Ce qu'il faut*
les portes d'vne Eglise descouure ta teste, & *obseruer en*
fleschissant bellement les genoüils, & tour- *l'Eglise.*
nant ton visage vers l'Eglise, saluë Iesus Christ
& ses Saincts, & fais le semblable alors que
tu rencontreras l'image de la Croix en la ville
& aux champs. Ne passe iamais par vne Eglise, que tu n'implores auec pareille deuotion,
par vne briefue priere; l'ayde de nostre Seigneur Iesus-Christ, ayant la teste nuë, & les
deux genoüils baissez en terre.

Pendant la celebration du sainct Sacrifice *Ce que l'en-*
de la Messe, dispose toy entierement à la de- *fant fera du-*
uotion, & qu'il te souuienne que Iesus-Christ *rant la Mes-*
est là present auec innumerables millions *se.*
d'Anges. Que si quelqu'vn venant parler à vn
Roy, qui est accompaigné d'vn grand nom-
bre de Princes & Seigneurs, sans mettre le
chappeau bas, & sans faire la reuerence, seroit
non seulement tenu pour lourdaut, & mal
appris, mais pour vn homme priué de son
bon sens: Et que dira-on de celuy, lequel
se tiendroit la teste couuerte, & qui demeu-
reroit debout en c'est endroit, où est present,
le Roy des Rois immortel, & qui nous rend
pareillement immortels, & où il est enuiron-
né de toutes parts de celestes esprits ? Et il

E iij

adesse, quam si videres eos oculis corpo-
reis.

Certiùs enim cernunt oculi fidei, quàm
oculi carnis. Indecentius etiam est, quod
quidam in templis obambulant, & Peri-
pateticos agunt.

Atqui deambulationibus porticus &
fora conueniunt, non templa, quæ sacris
concionibus, mysteriis, ac deprecationi
dicata sunt. Ad concionantem spectent
oculi, huc attentæ sint aures, huc inhiet
animus omni cum reuerentia, quasi non
hominem audias, sed Deum per os hominu
tibi loquentem.

Quum recitatur Euangelium, assurge,
& si potest, ausculta religiosè. Quum in
symbolo canitur. ET HOMO FACTVS
EST, in genua procumbe, vel hoc pacto te
submittens in illius honorem, qui semet
pro tua salute, quum esset supra omnes
cœlos, demisit in terras: quum esset Deus,
dignatus est homo fieri, vt te faceret
Deum. Dum peraguntur mysteria, toto
corpore ad religionem composito, ad alta-
re versa sit facies, ad Christum animus.

n'importe pas ſi tu ne les apperçois, veu qu'ils
te voyent bien en ce lieu, & n'eſt pas moins
aſſeuré qu'ils ſont là preſens, comme ſi tu les
voyois de tes yeux corporels.

Car les yeux de la foy voyent plus claire-
ment que ne font pas les yeux de noſtre
corps : Mais encores eſt-ce choſe plus mal-
ſeante d'en veoir aucuns ſe pourmener dans
les Egliſes, & imiter les Peripateticiens.

Lesportaux & les marchez ſont deſtinez
pour les pourmenades, & non les Egliſes, qui
ſont dediees aux ſainctes Predications, aux
myſteres ſacrez, & à l'Oraiſon. Que les yeux
ſoyent fichez ſur le Predicateur, que les oreilles ſoyent attentiues, que noſtre entende-
ment ſoit du tout bandé à l'eſcouter auec reuerence, comme ſi tu n'entendois la parolle
d'vn homme, mais Dieu meſme qui te parle
par la bouche d'vn homme.

Quand l'Euangile ſe dit, ſi faire ſe peut, eſ-
coute la auec vne grande deuotion : Quand
au ſymbole tu entends chanter, *Et homo fa-
ctus eſt*, mets toy lors à genouïls, te humi-
liant en l'honneur de celuy qui vnefois pour
ton ſalut, encores qui fut par deſſus les cieux,
a voulu deſcendre en terre, & eſtant vray
Dieu, a bien voulu ſe faire homme, afin de te
faire Dieu : Alors de l'eleuation du corps &
ſang de Ieſus Chriſt, eſtant totalement plon-
gé en deuotion, tourne ta face vers l'Hoſtel,
& ton eſprit à Dieu : Auoir vn genouïl en terre, l'autre droit, & appuyer le coulde du bras
gau-

Altero genu terram contingere, erecto
altero, cui læuus innitatur cubitus, gestus
est impiorum militum, qui Domino
IESV illudentes dicebant, Aue Rex
Iudæorum. Tu demitte vtrunque, reliquo
etiam corpore nonnihil reflexo ad vene-
rationem. Reliquo tempore aut legatur
aliquid è libello siue præcularum, siue do-
ctrinæ salutaris: aut mens cœleste quip-
piam meditetur. Eo tempore nugas ob-
gannire ad aurem vicini, eorum est qui
non credunt illic, adesse CHRISTVM.
Huc illuc circunferre vagos oculos amentium. Existima te frustra templum adis-
se, nisi inde melior discesseris puriór-
que.

    In conuiuiis adsit hilaritas, absit pe-
tulantia. Non nisi lotus, accumbe : sed
antè præsectis vnguibus, ne quid in his
hæreat sordium, dicarísque ρυπὸ κόνδυλος:
ac prius clàm reddito lotio, aut si res ita postulet, exonerata etiam aluo : & si fortè
strictius cinctum esse contingat, aliquan-
tulum relaxare vinculum consultum est,
quod in accubitu parum decore fiat.

                              Ab-

gauche deſſus, c'eſtoit le geſte de ces maudits
ſoldats, qui ſe moquans de noſtre Seigneur
Ieſus-Chriſt, diſoient, ie te ſaluë Roy des
Iuifs, mets les deux genouils en terre, & baiſ-
ſe vn peu le corps, pour teſmoigner plus de
reſpect en adorant le Sacrement: Tout le reſte du temps ſoit employé en la lecture de
quelque liure de prieres, ou de la ſaincte Eſ-
cripture, ou que ton eſprit s'employe en la
meditatiõ de quelque choſe celeſte: de cheu-
cheter alors en l'oreille, & de iaſer auec celuy
qui eſt proche de toy, cela n'appartient qu'à
ceux qui n'ont point de croyance de la pre-
ſence reelle de Ieſus-Chriſt en ce lieu. Porter
ſes yeux çà & là, & regarder de tous coſtez,
c'eſt à faire à vn fol. Pour concluſion tiens
pour choſe certaine, que pour neant tu as *Salutaire*
eſté en l'Egliſe, ſi tu n'en ſors plus homme de *aduertiſſe-*
bien, & auec vne ame plus nette & plus pure *ment.*
qu'elle n'eſtoit quand tu y és entré.

    Soys ioyeux à table, ſoys modeſte & rete- *Comme l'en-*
nu, ſans vſer d'aucune meſdiſance: Qu'il ne *fant ſe doit*
t'arriue de t'aſſeoir ſans auoir laué tes mains, *comporter à*
mais que tes ongles ſoyent premierement *la table.*
couppez, de peur qu'il ny ait quelque ordure
adherente en iceux, & que tu ne ſois reputé
mal propre & inciuil, ayant auparauant laſ-
ché ton eauë, & eſté à la garderobbe s'il en
eſtoit beſoin, & ſi d'aduanture ta ceinture te
ſerre trop eſtroict, il faut auſſi la relaſcher, ce
qui ſeroit trouué deshonneſte eſtant aſſis en
table.

F

*Abstergens manus, simul abiice quic-
quid animo ægrè est.* Nam in conuiuio nec
tristem esse decet, nec contristare quenquam.

Iussus consecrare mensam, vultum ac
manus ad religionem conponito, spectans
aut conuiuij primarium, aut si fors adest,
imaginem Christi, ad nomen I E S V,
matrísque virginis, vtrunque flectens
genu. Hoc muneris si cui alteri delegatum
fuerit, pari religione tum auscultato, tum
respondeto.

Sedis honorem alteri libenter cede : &
ad honoratiorem locum inuitatus, comiter excusa : si tamen id crebrò serióque iubeat aliquis authoritate præditus, vere-
cundè obtempera, ne videare pro ciuili
præfractus.

Acumbens, vtranque manum super
mensam habe, non coniunctim, nec in
quadra. Quidam enim indecorè vel vnam
vel ambas habent in gremio. Cubito vel
vtroque vel altero inniti mensæ; senio
morbóue lassis condonatur : idem in deli-
catis quibusdam aulicis, qui se decere pu-
tant quicquid agunt : dissimulandum est,
non inimitandum. Interea cauendum, ne

En lauant tes mains reiecte au loing toutes
fortes de triftefſe qui te pourroient trauailler
l'efprit : Car il ne faut eſtant en table eſtre me-
lancholique, ny attriſter & ennuyer les autres.

Que l'enfant soit ioyeux à table.

Si l'on te commande de faire la benedi-
ction, compoſe ton viſage & tes mains à la
deuotion, iettant ta veuë ſur le plus apparent
de la compaignie, ou ſur l'image de Ieſus-
Chriſt, s'il y en a d'aduanture quelque vne,
faicts vne humble reuerence à la prolation du
nom de Ieſus ou de la Vierge ſa mere : Si ceſte
charge eſt donnee à quelque autre, preſte l'o-
reille auec deuotion pareille, & refponds
quand il en ſera temps.

Faire la be-nediction, & comment,

Cede volontiers la place la plus honnorable à vn autre, & eſtant ennuié de t'y mettre,
excuſe t'en courtoiſement : mais ſi quelque
perſonnage d'authorité te le commande, faicts
le auec quelque eſpece de honte, pour n'en-
courir le blaſme d'eſtre pluſtoſt opiniaſtre que
cruel & courtois.

Doit eſtre reſpectueux à la table.

Eſtant aſſis mets tes mains ſur la table ſans
eſtre ioinctes ny ſur ton aſſiete : Car il y a aucuns qui ont ceſte mauuaiſe accouſtumance
que d'en mettre l'vne ou l'autre en leur giron :
S'appuyer ſur la table de l'vn ou l'autre coulde, eſt choſe pardonnable aux vieillards, ou
ceux qui ſont attenuez de maladie : quelques
mignons de courtiſans practiquent le ſemblable, & penſent que tout ce qu'ils font eſt
accompaigné de bien-ſeance : il faut diſſimu-

Contenance à la table.

F ij

proxime accumbenti, cubito, neu ex ad-
uerso accumbenti, pedibus sis molestus.
In sella vacillare, & nunc huic nunc al-
teri nati vicissim insidere, speciem habet
sub inde ventris flatum emittentis, aut
emittere conantis. Corpus igitur æquo li-
bramine sit erectum.

Mantile si datur, aut humero sinistro,
aut brachio læuo imponito. Cum honora-
tioribus accubiturus, capite pexo, pileum
relinquito, nisi vel regionis mos diuer-
sum suadeat, vel alicuius authoritas
præcipiat, cui non parum sit indeco-
rum.

Apud quasdam nationes mos est, vt
pueri states ad maiorum mensam capiant
cibum extremo loco, retecto capite. Ibi,
ne puer accedat nisi iussus ne hæreat vsque
ad conuiuij finem : sed sumpto quod satis
est sublata quadra sua, flexo poplite sa-
lutet conuiuas: præciuuè qui inter con-
uiuas est cæteris honoratior.

ler & feindre de ne le trouuer mauuais ; mais
pourtant ne faut les imiter. Puis il faut ſe
prendre garde de ne donner du coulde à celuy qui eſt proche de toy, & de ne donner du
pied à celuy qui eſt aſſis à l'oppoſite. Brandiller ſon ſiege, ſe berçer & s'aſſeoir ores ſur
vne feſſe, ores ſur l'autre, cela donne à penſer que tel perſonnage ; ou laſche ſont vent,
ou qu'il a volonté de le faire. Et pourtant il
faut que le corps ſoit droict & eſleué d'vne iu-
ſte balâce qui ne pâche ny de coſté ny d'autre.

Si l'on te baille vne ſeruiete, mets la
ſur l'eſpaule, ou bien ſur le bras gauche.
Quand il t'arriuera de prendre ton repas
auec perſonnages d'honneur & de qualité,
ſois curieux de te peigner auparauant, & tiens
toy la reſte deſcouuerte, ſi ce n'eſt que la couſtume du pays te perſuade le contraire, ou que
l'authorité de quelqu'vn ne te le commande,
auquel cas il ſeroit iugé malſeant de deſobeir.

Ceſte couſtume eſt en vſage en quelques
pays, que les enfans ne mangent iamais en la
grande table, ſinon au bas bout, ayât la reſte
deſcouuerte. Que les enfans en ces lieux-là
n'approchent de la table ſi l'on ne leur commande, & quâd ainſi ſera, qu'il ne ſe trennent
iuſques à ce l'on aye entierement paracheué
le repas : mais ayant ſuffiſamment prins leur
refection, leuant leur aſſiette, & ployant le
genouïl, qu'ils facent la reuerence, ſe tour-
nant vers celuy principalement qui eſt le plus
apparent & honorable.

Du temps que l'enfant doit ſe mettre à table.

F iij

A dextris sit poculum, & cultellus escarius ritè purgatus, ad lævam panis.

Panem vna vola preſſum, ſummis digitis refringere, quorundam aulicorum delicias eſſe ſinito : tu cultello ſeca decenter, non vndique reuellens cruſtum, aut vtrinque reſecans: delicatorum enim hoc eſt. Panem veteres in omnibus conuiuiis, ceu rem ſacram, religioſè tractabant: vnde nunc quoque mos reliEtus eſt, eum fortè delapſum in humum, exoſculari.

Conuiuium ſtatim à poculis auſpicári, potorum eſt, qui bibunt non quòd ſitiant, ſed quòd ſoleant. Nec ea res ſolùm moribus eſt inhoneſta, verumetiam officit corporis valetudini. Nec ſtatim poſt ſumptam ex iure offam bibendum, multo minus poſt baEtis eſum. Puero ſæpius quàm bis, aut ad ſummum ter, in conuiuio bibere, nec decorum eſt, nec ſalubre: ſemel bibat aliquandiu páſtus de ſecundo miſſu, præſertim ſicco : dein ſub conuiuij finem, idque modicè ſorbendo, non ingurgitando, nec equorum ſonitu.

Que le verre soit mis du costé de la main
droicte, & le couteau pour trancher sa viande bien nettoyé, & que le pain soit à la main
gauche.

Presser d'vne main le pain, & le rompre à *Il doit couper*
beaux ongles, & auec le bout des doigts, c'est *le pain, &*
vn plaisir que tu doibts quiter à quelques gens *non le rom-*
de Court. Pour toy il te conuient de le coup- *pre.*
per honnestement auecques le cousteau, sans
arracher ou coupper la crouste tout autour.
Les Anciens en tous leurs repas vsoient du
pain auec beaucoup de ceremonie, & delà
nous reste encores ceste coustume, que si le
pain est par hasard tombé en terre, de le bai-
ser apres l'auoir releué.

De boire à l'entree du repas, est le propre *Obseruation*
des yurongnes qui boiuent non pour rassasier *pour boire.*
leur alteration, ains par accoustumance. Ce-
ste chose n'est pas seulement deshonneste
pour les mœurs, ains elle porte nuisance à la
santé du corps. Il ne faut pas boire pareillement incontinant apres auoir prins son pota-
ge, & moins encores apres le laict, il n'est
pas bien seant ny bon pour sa santé. Que l'enfant en son repas ne boiue plus de deux ou de
trois fois au plus, qu'il boiue vne fois apres
auoir mangé quelque temps du second mets,
& notamment du rosty, puis apres sur la fin
du repas, & encores qu'il boiue posement,
sans se remplir iusques au gosier, & sans souffler, comme les cheuaux font pour prendre
alaine.

Et

Tum vinum, tum ceruisia nihilomi-
nus quàm vinum inebrians, vt puerorum
valetudinem lædit, ita mores dedecorat.
Aqua, feruidæ conuenit ætati: aut si id
non patitur siue regionis qualitas, siue alia
quæpiam causa, tenui ceruisia vtitor, aut
vino nec ardenti, & aqua diluto. Alio-
qui mero gaudentes hæc sequuntur præ-
mia: dentes rubiginosi, genæ defluentes,
oculi lusciosi, mentis stupor, breuiter se-
nium ante senectam. Antequam bibas,
præmande cibum: nec labra admoueas po-
culo, nisi prius mantili aut linteolo ab-
stersa, præsertim si quis suum poculum ti-
bi porrigit, aut vbi de communi bibitur
poculo. Interbibendum intortis oculis
alió intueri, illiberale est: quemadmo-
dum & ciconiarum exemplo ceruicem in
tergum reflectere, ne quid hæreat in imo
cyatho, parum est liberale. Salutantem
poculo, resalutet comiter, & admotis la-
bris cyatho paululum libans bibere se si-
mulet, hoc ciuili nugoni satis erit: qui si
rusticius vrgeat, polliceatur tum se res-
ponsurum, quum adoleuerit.

Quidam vbi vix bene consederint,
mox manus in epulas coniiciunt, id lupo-
rum

Nugo hic pro
simulatore
sed non repe-
ritur apud
probatos au-
thores.

Et le vin, & la ceruoise, qui a autant de force d'enyurer que le vin, comme ils font con-
traires à la fanté des enfans , auffi deshon-
norent-ils la ciuilité de leurs mœurs . L'vfage
de l'eauë eft conuenable au temperament de
c'eft eage bruflant, & fi la qualité de la region,
ou quelque autre raifon y repugne, alors
tu vferas, ou d'vne forte de ceruoife qui foit
petite, ou d'vn vin non fumeux ny violant,
mais bien trempé auec l'eauë : Autrement ces
recompenfes accompagneront ceux qui fe-
ront addonnez au vin , auoir les dents pour-
ries & gaftees , les iouës pendentes , affoi-
bliffement de la veuë , ftupidité d'entende-
ment , vieilleffe precipitee & venuë auant
l'eage. Auant que de boire, auale la viande
que tu auras machee , & ne porte le verre à ta
bouche pluftoft que tu ne l'ayes effuyee auec
la nappe, où à ta feruiette, principalement fi
quelqu'vn te baille fon verre, ou fi il te faut
boire dans la couppe où l'on verfe à boire
pour chacun :. C'eft chofe malhonnefte en
beuuant de regarder de cofté, comme auffi
c'eft vne inciuilité de pancher la tefte en arriere, comme les Cygoignes, afin qu'il ne refte
rien dedans le verre.

Si quelqu'vn te conuie de boire, qu'il le
remercie courtoifement , & approchant le
verre de fes leures, qu'il face feinte de boire
fans faire autre chofe que goufter, & cela fuf-
fita à celuy qui fçaura accortement diffimu-
ler, qui promettra de parachcuer lors qu'il

G

rum eſt aut eorum qui de chytropede car-
nes nondum immolatas deuorant, iuxta
prouerbium. Primus cibum appoſitum ne
attingito, non tantum ob id quòd arguit
auidum, ſed quòd interdum cum periculo
cōiunctum eſt, dum qui feruidum inexplo-
ratū recipit in os, aut expuere cogitur, aut
ſi deglutiat, adurere gulam, vtroque ridi-
culus æquè ac miſer. Aliquãtiſper moran-
dum, vt puer aſſueſcat affectus temperare.
Quo cōſilio Socrates ne ſenex quidem vnquam de primo cratere bibere ſuſti-
nuit.

Si cum maioribus accumbit puer, po-
ſtremus, nec id niſi inuitatus, manum
admoueat patinæ. Digitos in iuſculenta
immergere, agreſtium eſt : ſed cultello
fuſcináue tollat quod vult : nec id ex
toto eligat diſco, quod ſolent ligurito-
res : ſed quod fortè ante ipſum iacet,
ſumat : quod vel ex Homero diſcere

aura plus d'aage, si celuy qui aura beu à luy
estoit si mal apprins que de le vouloir con-
traindre de boire d'autant. Il y en a qui non
pas le loisir d'estre assis à la table pour mettre
la main au plat, & prendre des viandes,
c'est faire comme les loups affamez & comme dit le prouerbe, de ceux qui tirent des
chaudieres & marmites, deuorent les viandes des bestes auant qu'elles soyent immo-
lees. Garde toy de porter la main au plat le
premier, non seulement pour ce que cela ar-
guë ta gourmandise, mais aussi pour autant
qu'il y a du danger : Car qui sans y prende garde a mis en sa bouche quelque morceau trop
chaud est contrainct de le remettre honteuse-
mens, ou en l'auallant de se brusler le gosier,
& delà aduiédra que de l'vn & de l'autre tu se-
ras moqué outre le mal qui t'en arriuera. Afin
que l'enfant s'accoustume de bonne heure à
commander à ses appetits, il faut qu'il s'arreste
quelque téps sans toucher aux viandes. De ce
conseil vsa le sage Socrates, qui mesme en sa
vieillesse ne voulut iamais boire des premiers.

S'il est assis en table auec plus grands que
soy, qu'il garde ceste reigle de mettre le der-
nier la main au plat, encores ne le doit il faire
s'il n'en est conuié. Tremper ses doigts dedans les saulses, c'est le propre des gens de village : mais il doit auec le cousteau ou la four-
chette tirer du plat ce que bon luy semble,
sans choisir dans le plat de tous costez à la
mode des frians, mais qu'il prenne seulement

Tirer la chair du pot auant qu'elle soit cuite.

Regles que l'enfant doit garder à la table.

G ij

licet, apud quem creber est hic ver-
ficulus.

Οἱ δ᾽ ἐπιγείας δ᾽ ἔτιμα προκείμϕα χἴεφς ιαλ.ον.

Id quoque si fuerit insigniter elegans, alteri cedat, & quod proximum est accipiat,
Vt igitur intemperantis est, in omnes patinæ plagas manum mittere, ita parum de
corum patinam inuertere, quò veniant ad
te lautiora.

Si quis alius cibum porrexerit elegan-
tiorem, præfatus excusatiunculam recipiat: sed resecta sibi portiuncula, reliquum
offerat ei qui porrexerat, aut proximè assi-
denti communicet.

Quod digitis excipi non potest, quadra
excipiendum est.

Si quis è placenta vel artocrea porrexit
aliquid cochleari aut quadra excipe, aut
cochleare porrectum accipe, & inuerso in
quadram cibo, cochleare reddito.

Si liquidius est quod datur gustandum
sumito, & cochleare reddito, sed ad mantile extersum. Digitos vnctos vel ore præ-
lingere, vel ad tunicam extergere, pariter
inciuile est: id mappa potius aut mantili fa-

ce qui se rencontrera deuant luy . Cela mesme
faut-il qu'il l'apprenne d'Homere, chez lequel
ce vers est fort frequent,

Aussi tost hardiment sur viandes portees,

Qu'ils auoiët deuât eux, ils ont les mains iettees.
Semblablement, si l'enfant à deuant soy quelque viande exquise, qu'il la laisse pour autruy,
& qu'il en prenne quelque autre qui soit proche : Comme doncques c'est le propre d'vn
friant de mettre la main en tous les costez du
plat ; aussi est-il semblablement indecent de
tourner le plat, afin que les meilleurs morceaux viennent à toy.

Si quelqu'vn te presente quelque morceau
friant, apres auoir dit quelque excuse prends
le, mais ayant coupé pour toy vne petite part,
donne le reste à celuy qui te la baillé, ou en
faicts part à celuy qui sera assis pres de toy.

Tout ce que tu ne pourras receuoir auec les
doigts, il faut le receuoir sur ton assiette.

Si l'on te presente du gasteau ou du pasté
auec la cueiller, ou sur l'assiete, reçois le, ou
bien ayant prins la cueiller que l'on t'aura of-
ferte, l'ayant vuidee sur ton assiette, rends là.
Et si ce que l'on t'a donné est liquide, prens le
pareillement, & auant que rendre la cueiller
essuye là à ta seruiette.

C'est aussi vne espece d'inciuilité bien grande, ayant les doigts sales & gras, de les porter à la bouche pour les lecher, ou de les es-
suyer à sa iacquette : il sera plus honneste que
ce soit à la nappe ou à la seruiette : Aualler aus-

G iiij

ciendum. Integros bolos subitò deglutire, Cyconiarum est ac balatronum.

Si quid ab alio fuerit resectum, inciuile est manum quadràmve porrigere, priuſquam ille structor offerat, ne videare præripere quod alteri paratum erat. Quod porigitur, aut tribus digitis, aut porrecta quadra excipiendum. Si quod offertur, non congruit tuo stomacho, caue ne dixeris illud Comici Clitiphonis. Non possum pater: sed blandè agito gratias. Est enim hoc vrbanißimum recusandi genus. Si stat inuitator, verecūdè dicito aut non perconuenire tibi, aut te nihil amplius requirere.

Discenda est à primis statim annis secandi ratio, non superstitiosa, quod quidam faciunt, sed ciuilis & commoda. Aliter enim inciditur armus, aliter coxa: aliter ceruix, aliter cratis, aliter capus, aliter phasianus, aliter perdix, aliter anas: qua de re singillatim præcipere, vt prolixum sit, ita nec operæpretium. Illud in vniuersum tradi potest, Apiciorum esse, omni ex parte quicquid palato blanditur, abradere.

si toſt les morceaux tous entiers, appartient aux Cygoignes & aux tondeurs de nappes & eſcornifleurs.

Si quelqu'vn à decoupé la viande, il n'eſt pas honneſte d'aduancer ny la main, ny l'aſſiette, auparauant qu'il t'en preſente, de peur de donner à cognoiſtre que tu as volónté de prendre ce qui eſt preparé pour quelque autre : Il faut receuoir auec trois doigts, ou auec l'aſſiette ce que l'on t'offrira : Si ce que l'on te preſente n'eſt propre à ton eſtomach, garde toy de reſpondre comme le Comique Clitiphon. Mon pere ie ne ſçaurois receuoir ce que vous me preſentez : mais remercie courtoiſement : Car c'eſt vne honneſte refus. Si tu és importuné de bien pres, dits auec quelque honte, ou que telle viande ne t'eſt propre, ou que tu n'as plus beſoin de manger.

Il faut apprendre aux ieunes enfans dés leur ieune eage la maniere de coupper & tailler les viandes ſans beaucoup de ceremonie, comme font pluſieurs, mais vne façon ciuile & qui ſoit facile : Car l'on tranche vne eſpaule d'vne façon, & vne eſclanche d'vne autre, autrement vn collet, autrement vn haut coſté, autrement vn chappon, autrement vn faiſan, autrement vne perdris, autrement vn canard : De laquelle choſe comme il ſeroit trop long de diſcourir par le menu, auſſi n'en eſt-il nullement beſoing. L'on peut en ſomme tenir pour maxime que c'eſt le propre d'vn friant de prendre de tous coſtez ſelon ſes appetits. Cela

Abs te semesa alteri perrigere parum honesti moris est.

Panem prærosum, iterum in ius immergere, rusticanum est: sicut & cibum mansum faucibus eximere, & in quadram reponere, inelegans est. Nam si quid forte sumptum est quòd deglutiri non expedit, clàm auersus aliquò proiiciat. Cibum ambesum, aut ossa semel in quadram seposita repetere, vitio datur. Ossa, aut siquid simile reliquum est, ne sub mensam abieceris, pauimentum conspurcans, nec in mensæ stragulam proiice, nec in patinam repone, sed in quadræ angulum sepone, aut in discum que apud nonnullos reliquiis excipiendis apponitur.

Canibus alienis de mensa porrigere cibum, ineptiæ tribuitur: ineptius est illos in conuiuio contrectare. Qui putamen digitorum vnguibus aut pollice repurgare, ridiculum est: idem inserta lingua facere, magis etiam ridiculum: cultello id sit decentius.

Ossa dentibus arrodere caninum est: cultello purgare, ciuile.

Tres

Cela eſt de mauuaiſe grace de preſenter à
autruy les viandes que tu auras à demy man-
gees.

Tremper en la ſaulſe le pain que tu auras
mords, appartient à vn homme de village &
mal apprins : côme pareillement c'eſt vn tour
d'inciuilité d'oſter de ſa bouche la viande que
tu as jà machee, & la mettre ſur ton aſſiette. Si
par cas fortuit tu as prins quelque choſe que
tu ne doiue aualler, deſtournant ta face ſans
eſtre apperceu, reiette-le en quelque endroit.
L'on trouue mauuais auſſi de reprendre la
viande demy mangee, ou les os que l'on a mis
à quartier ſur ſon aſſiette : Ne iette point deſ-
ſous la table les os, ou quelques ſemblables
reſtes, afin de ne ſalir la place, ny pareillement ſur la nappe, ny dans le plat : mais con-
uiendra les mettre ſur quelque coing de ton
aſſiette ou dans vn plat qui ſelon que l'on a
accouſtumé en quelques lieux eſt preſenté
pour receuoir tous les reſtes.

De donner de la viande aux chiens des autres eſt vn acte de ſottiſe, qui eſt encores plus
grande de les prendre entre ſes bras eſtant à
table, & les careſſer : Nettoyer la coque de
l'œuf auec les ongles des doigts, ou auec le
poulce eſt choſe ridicule, & faire le ſemblable
auec la langue l'eſt encores plus, cela ſe pourra faire plus ciuilement auec le couſteau.

Ronger les os eſt le propre des chiens, ſe
ſeruir du couſteau pour en tirer la chair, eſt
beaucoup plus honneſte.

H

Tres digiti salino impressi, vulgari ioco dicuntur agrestium insignia. Cultello sumendum est salis quantum satis est : si longius ab est salinum, porrecta quadra petendum est.

Quadras aut patinam, cui saccarum aut aliud suaue quiddam adhæsit lingua lambere, felium est, non hominum.

Carnem prius minutim in quadra dissecet, mox addito pane simul aliquandiu mandat, priusquam traiiciat in stomachum. Id non solum ad bonos mores, verumetiam ad bonam valetudinem pertinet.

Quidam deuorant verius quam edunt, non aliter quàm mox, vt aiunt, abducendi in carcerem, latronum est ea tuburcinatio.

Quidam tantum simul in os ingerunt, vt vtrinque, ceu folles, tumeant buccæ. Alij mandendo diductu labiorum sonitum ædunt porcorum in morem. Nonnulli vorandi studio spirant etiam naribus, quasi præfocandi.

Trois doigts imprimez en vne falliere, font appellez par commune gofferie, les armes d'vn villain : Il faut prendre le fel auec le coufteau autant que l'on en a affaire : Si la falliere eft trop efloignee, il en faut demander en prefentant ton affiette.

Il n'appartient qu'aux chats, & non pas aux hommes de l'efcher l'efcuelle ou l'affiette dans laquelle y aura eu du fucre, ou quelque chofe de doux.

En premier lieu , que l'enfant couppe en petits morceaux fa viande fur fon affiette, & puis incontinent qu'il prenne du pain, & qu'il mafche fvn & l'autre quelque temps auant que de l'enuoyer en l'eftomach, cela n'eft pas feulement conuenable aux bonnes mœurs, mais auffi profite grandement pour la fanté du corps.

Il y en a qui veritablement deuorent pluftoft qu'ils ne mangent, comme f'ils eftoient prefts d'eftre menez en prifon, ou l'on deuft les faire ieuner au pain & à l'eauë : Telle façon de manger auidement n'appartient qu'à ceux qui derobent ce qu'ils mangent.

Aucuns y a qui empliffent leur bouche de telle forte, que leurs deux ioües f'enflent ainfi que des foufflets : les autres en mangeant ouurent tellement la bouche, & font autant de bruit que pourceaux : & d'autres par vne trop grande auidité de manger foufflent des narines, comme f'ils fe deuoient eftrangler.

*Ore pleno vel bibere, vel loqui nec
honeſtum eſt, nec tutum.*

*Viciſſitudo fabularum interuallis diri-
mat perpetuum eſum.*

*Quidam citra intermiſſionem edunt
bibúntve, non quòd eſuriant ſitiántve,
ſed quòd alioqui geſtus moderari non póſ-
ſunt, niſi aut ſcabant caput aut ſcalpant
dentes, aut geſticulentur manibus, aut
ludant cultello, aut tuſſiant, aut ſcreent,
aut expuant. Ea res à ruſtico pudore pro-
feƈta, nonnullam inſaniæ ſpeciem habet.
Auſcultandis aliorum ſermonibus fallen-
dum eſt hoc tædij : ſi non datur opportuni-
tas loquendi, inciuile eſt cogitabundum in
menſa accumbere. Quoſdam autem vi-
deas adeò ſtupentes, vt nec audient quid
ab aliis dicatur, nec ſe comedere ſentiant;
etſi nominatim appelles, velut è ſomno
excitari vedeantur: adeò totus animus eſt
in patinis.*

*Inurbanum eſt oculis circumaƈtis ob-
ſeruare quid quiſque comedat, nec decet in
quenquam conuiuarum diutius intentos
habere oculos: inurbanius etiam tranſuer-
ſim hirquis intueri qui in eodem accum-
bũt latere, inurbaniſſimum retorto in ter-*

Boire ou parler alors que la bouche eſt plei-
ne, n'eſt ny honneſte ny exempt de danger.

Que l'intermede de quelque diſcours fa-
cetieux, ou de quelque plaiſant compte,
par interualle face ceſſer le perpetuel manger.

Quelques-vns ſans aucune relaſche boiuent
& mangent ſans auoir ny faim ny ſoif, pource
qu'ils ne peuuent auoir autre contenance que
de ſe gratter la teſte, de ſ'eſcurer les dents, ſe
ioüer de leurs mains, & faire quelque ſinge-
rie, ſ'eſbattre de leur couſteau, & touſſer ou
cracher; Telle mauuaiſe accouſtumance qui
procede d'vne honte ruſtique, n'eſt pas du
tout exempte de ſottiſe; Il faut chercher quelque diuertiſſement pour ſe deſennuyer, pre-
ſtant l'oreille aux diſcours d'autruy, & bien
que l'on ne trouue l'occaſion de parler, c'eſt
vne inciuilité de faire le ſonge-creux eſtant en
table: Mais vous en verrez quelques vns ſi
ſtupides qui n'eſcoutent ce que les autres di-
ſent, & qui mangent ſans y penſer, & ſi vous
les appellez par leurs noms, il ſemble que
l'on les eſueille de quelque profond ſommeil,
tant ils ont le cœur en la mangeaille.

C'eſt vne choſe inciuile de ietter ſa veuë de
tous coſtez, & regarder ce que chacun mange, comme d'auoir trop long temps les yeux
fichez ſur quelqu'vn de la compaignie, & encores plus inciuil de guigner du coin de l'œil
ceux qui ſont aſſis a coſté, mais il eſt tresdeſ-

gum capite contemplari quid rerum gera-
tur in altera mensa.

Effutire siquid liberius inter pocula dictum factúmue sit, nulli decorum est, ne
dum puero.

Puer cùm natu maioribus accubens,
nunquam loquatur, nisi aut cogat necessitas, aut abs quopiam inuitetur.

Lepidè dictis, modicè arrideat : obscœnè dictis nequando arrideat : sed nec
frontem contrahat, si præcellit dignitate
qui dixit: sed ita vultus habitum temperet,
vt aut non audisse, aut certè non intelle-
xisse videatur. Mulieres ornat silentium,
sed magis pueritiam. Quidam respondent
priusquam orationem finierit qui compel-
lat : ita sæpe fit vt aliena respondens sit risus, détque veteri locum prouerbio, ἅμαξ
ἀπήτον. Docet hoc rex ille sapientissimus
stultitiæ tribuens, respondere priusquam
audias : non audit autem qui non intellexit. Si minus intellexit percontantem,
paulisper obticescat, donec ille quod dixit
sponte repetat : id si non facit, sed res-
ponsum vrget blandè veniam præfatus

honneſte de tourner la face en arriere pour re-
cognoiſtre ce qui ſe faiĉt en l'autre table.

Il n'eſt bien-ſeant à nulle perſonne, non
pas meſmé à vn enfant de rapporter ailleurs ſi
quelque choſe a eſté diĉte ou faiĉte en la table vn peu plus licentieuſement que de couſtume.

Alors que l'enfant ſera aſſis à table auec
plus eagez que luy, qu'il ne ſ'ingere de parler
ſi la neceſſité ne le contrainĉt, ou ſ'il n'eſt imi-
té de quelqu'vn.

Si l'on dit quelque mot ioyeux, qu'il iette
vn modeſte ſoubris; ſ'il eſt ſalle & deſhonne-
ſte qu'il ſe contienne de rire totallement; mais
qu'il ne ſe renfrongne ſi celuy qui a tenu tels
propos eſt homme de qualité, & qu'il aſſeure
ſa grace, de façon qu'il ſemble ou ne l'auoir eſ-
couté, ou meſmement ne l'auoir entendu: Le
ſilence eſt fort recommandable pour les Da-
mes, mais d'auantage encores pour les ieunes enfans: Aucuns reſpondent auant que ce-
celuy qui parle à eux ait paracheué ſon diſcours, & delà ſouuent arriue que l'on ſe moque de luy, & que l'ancien prouerbe a lieu en
ſon endroit: Tu rentres de picques : Cela
meſme nous enſeigne le treſ-ſage Roy, attri-
buant à folie de reſpondre auant que d'auoir
ouy : & celuy n'oit point qui n'a point eſcou-
té celuy qui parle à luy. S'il n'a pas bien entendu celuy qui parle à luy, qu'il ſe taiſe pour
quelque temps, iuſques à ce que de ſoy-meſme celuy qui parloit à luy ait repeté ce qu'il

auoit

puer, oret, vt quod dixerat, dicat de-
nuò. Intellecta percontatione paululum
interponat moræ, deinde tum paucis res-
pondeat, tum iucundè.

In conuiuio nihil effutiendum quod of-
fufcet hilaritatem. Abfentium famam
ibi lædere piaculum eft : nec cuiquam illic
fuus refricandus eft dolor. Vituperare
quod appofitum eft, inciuilitati datur, &
ingratum eft conuiuatori. Si de tuo præ-
betur conuiuium, vt excufare tenuitatem
apparatus, vrbanum : ita laudare, aut
commemorare quanti conftiterit, infuaue
profectò condimentum eft accumbenti-
bus.

Denique fi quid à quoquam in conuiuio
fit rufticius per imperitiam, ciuiliter dif-
fimulandum potius quàm irridendum.
Decet compotationem libertas.

Turpe eft fubdium, vt ait Flaccus,
raptre,

auoit jà dit, que s'il ne le faict, & qu'il presse
l'enfant de respondre, qu'il s'excuse luy demandant pardon, & le prie de redire ce qu'il
auoit jà dit. Apres qu'il aura entendu la pro-
position que l'on luy aura faicte, qu'il s'arreste
quelque espace de temps, & qu'il responde
puis apres en peu de parolles, & que ce soit
gaillardement.

Il ne faut rien dire à table qui rebatte la ioye
de la compaignie, de taxer pareillement la
renommee d'autruy, c'est chose tres-mauuai-
se, & ne faut aussi renouueller à la table la
douleur à nul de la compaignie : Trouuer
quelque chose à redire sur les viandes qui sont
presentees, c'est vne inciuilité & vne ingrati-
tude que l'on peut reprocher à celuy qui est
conuié au banquet: Si le festin se faict à tes
despens, c'est vn acte de ciuilité de s'excuser
du mauuais traictement: comme aussi il seroit
trouué de mauuaise grace de louer ou de
compter à combien reuiendroit la despense
que l'on auroit faicte.

S'il arriue à quelqu'vn de faire à table vn *Dissimuler*
tour de lourderie, il faut feindre plustost de *les fautes*
ne l'auoir veu que de s'en moquer, il faut ap- *d'autruy,*
prouuer vne honneste liberté à la table. Car
comme dit Horace.

> *Celuy-là doit estre blasmé*
> *Qui ailleurs aura proclamé*
> *Quelque faict ou propos de table*
> *Qui soit vn peu vituperable.*

S'il s'y faict ou dit quelque chose, il faut l'im-

I

rapere, siquid cui super cœnà excidit incô-
gitantius. Quod ibi fit diciturue, vino
inscribendum: ne audias μισῶ μνάμονα
συμπόταν. Si conuiuium erit quàm pro
puerili ætate prolixius & ad luxum ten-
dere videbitur, simul atque senseris naturæ factum satis, aut clam, aut veniam
precatus, te subducito.

Qui puerilem ætatem adigunt ad ine-
diam, mea quidem sententia insaniunt,
neque multo minus ij qui pueros immodico
cibo diffarciunt. Nam vt illud debilitat
teneri corpusculi viriculas, ita hoc animi
vim obruit: moderatio tamen statim est
discenda. Citra plenam saturitatem refi-
ciendum est puerile corpus, magísce crebrò
quàm copiosé. Quidam se saturos nesciunt,
nisi dum ita distentus est ventriculus, vt
in periculum veniant ne dirumpatur, aut
ne per vꝏitum reiiciat onus.

Oderunt liberos, qui illos etiamnum
teneros, cœnis in multam noctem produ-
ctis, perpetuò sinunt assidere. Ergo si
surgendum erit à prolixiore conuiuio, quadram tuam cum reliquiis tollito, ac salu-
tato, qui videtur inter conuiuas honora-
tissimus, mox & alij simul, discedito:

puter au vin, afin que l'on ne te face ce reproche : ie hays l'hoste qui est memoratif. Si l'on
tient plus longue que l'eage puerile ne le requiert, ou que l'enfant voye qu'il y ait de la
superfluité, auffi tost que tu sentiras que nature sera rassasiee, ou secretement, & sans
mot dire, ou demandant congé tu te retire-
ras de table.

Ceux qui forcent les enfans à supporter la
faim ne me semblent estre bien aduisez, encores moins ceux qui les font quasi creuer de
mangeaille ; car comme l'vn affoiblit les forces foiblettes du corps encores tendrelet,
l'autre pareillement rend l'esprit stupide &
hebeté, il faut dés ce bas eage les accoustumer
à vne regle moderee. Il ne faut pas que l'enfant mange iufques à se souller, & sera plus
conuenable qu'il mange plus souuent, que
trop abondamment : aucuns ne pensent iamais estre souls, sinon lors que le ventre
leur tire de telle façon qu'ils sont en danger
de creuer, ou bien de rendre gorge, & vomir
tout ce qu'ils ont mangé.

Ny la fin 1. y la faciete bonnes aux enfans.

Ceux haissent leurs enfans, qui bien qu'ils
soyent encores foibles & delicats, leur pro-
mettent de banqueter toute la nuit. Partant
s'il te faut leuer de la table auãt les autres pour
estre le seruice trop long, oste ton assiette auec
ce qui est dessus, ayant fait la reuerence principalement à celuy de la compaignie qui est
le plus qualifié & honorable, & à tous les autres, puis retire toy sans beaucoup demeurer.

Ce qu'il con-uient faire se leuant de ta-ble.

sed mox rediturus, ne videare lusus, aut alterius parum honestæ rei gratia te subduxisse.

Reuersus ministrato siquid opus erit, aut reuerenter mensæ assistito, si quis quid iubeat expectans.

Si quid apponis aut submoues, vide ne cui vestem iure perfundas. Candelam emuncturus, prius illam è mensa tollito: quódque emunctum est, protinus aut arenæ immergito, aut solea proterito, ne quid ingrati nidoris offendat nares. Si quid porrigis infundisue lœua id facias caueto.

Iussus agere gratias, compone gestus, paratum te significans, donec silentibus conuiuis, dicendi tempus adfuerit. Interim vultus ad conuiuio præsidentem, reuerenter versus sit, & constanter.

Si quis occurrerit in via, vel senio venerandus, vel religione reuerendus, vel dignitate grauis, vel alioqui dignus honore, meminerit puer de via decedere, reuerenter aperire caput, nonnihil etiam

afin qn'il ne femble pas que tu fois forty de table expres pour aller iouer, ou pour faire
quelque chofe peu honnefte.

Quand tu feras retourné, tu pourras feruir
à la table s'il eft befoing, ou te tiens au tour de
la table reueremment, eftant preft à faire ce
que quelqu'vn luy pourra commander.

Si tu portes ou leues quelque plat de la table, prends garde à ne refpandre la faulfe fur
les habits de quelqu'vn : Voulant moucher la
chandelle, ofte la deffus la table auparauant,
& apres que tn l'auras mouchee, iette la mou-
cheure dedans les cendres, ou bien marche
deffus auec le pied, afin que nulle mauuaife
odeur n'offenfe le ceruèau des affiftans. Garde toy quand tu feruiras à table quelque chofe, ou verferas à boire, que ce ne foit de la
main gauche.

Si l'on te commande de dire graces, difpo- *Comment*
fe ton maintien, & faicts cognoiftre que tu és *dire grace &*
preft, quand chacun faifant filence il fera *les efcouter.*
temps de commencer : Et lors tourne ta fa-
ce & iette les yeux fur celuy qui prefide au
banquet, & eft le plus apparent, & le faits auec
reuerence affeuree.

Si tu faits rencontre en cheminant de quel- *Des rencon-*
que homme venerable pour fon vieil eage, ou *tres que l'on*
à qui pour fa faincteté, ou pour fa dignité l'on *faict par les*
doiue rendre quelque honneur & refpect, ou *chemins.*
qui pour quelque autre occafion merite que
l'on en face eftat : Souuiens toy de luy faire
place, & de te deftourner en defcouurant

flexis poplitibus.

Ne verò sic cogitet, Quid mihi cum ignoto? quid cum nihil vnquam bene de me merito? Non hic honos tribuitur homini, non meritis, sed deo, Sic Deus iussit per Salomonem, qui iussit assurgere cano: sic per Paulum, qui presbyteris duplicatum honorem præcipit exhibere: in summa omnibus præstare honorem, quibus debetur honos, complectens etiam ethnicum magistratum: & si Turca, quod absit, nobis imperet, peccaturi simus si honorem magistratui debitum illi negemus. De parentibus interim nihil dico, quibus secundum Deum primus debetur honos: nec minor præceptoribus, qui mentes hominum quodammodo, dum formant, generant.

Iam & inter æquales illud Pauli, locum habere debet; Honore inuicem præuenientes. Qui parum aut inferiorem honore præuenit, non ideo fit ipse minor, sed ciuilior, & ob id honoratior.

la teste respectueusement, & ployant le genouil à demy.

Que l'enfant ne pense iamais à tenir tels
propos ? Pourquoy rendray-ie du respect à
celuy que ie ne cognois pas ? pourquoy à celuy qui iamais ne m'a faict aucun bien : C'est
honneur n'est point rendu à l'homme n'y à ses
merites & bien-faicts, mais à Dieu, lequel
nous l'a ainsi commandé par Salomon, qui
nous ordonne de respecter, & nous leuer deuant vn homme eagé. Le mesme nous est re-
commandé par sainct Paul, lequel veut que
nous portions vn double honneur aux Pre-
stres : En somme de rendre respect à tous ceux
à qui est deub hōneur; cōprenant mesmement
le Magistrat Ethenique, & si nous estions
sous la domination du Turc (ce qu'à Dieu ne
plaise) nous pecherions, si nous ne luy ren-
dions l'honneur qui est deub au Magistrat:
Cepédant ie ne diray rien des peres & meres,
ausquels apres Dieu est deub le premier honneur, & n'est moins deub aux Precepteurs,
qui engendrent aucunement les esprits des
enfans, en leur apprenant de bonnes & salu-
taires instructions.

D'abondant ceste parolle de sainct Paul
doit auoir lieu entre les esgaux: *Vous preuenans*
les vns & les autres par honneurs mutuels : Celuy
qui le premier faict honneur à son esgal, ou à
moindre que soy, n'amoindrit en rien sa
qualité, mais est reputé plus ciuil, & pour-ce
regard plus honorable.

L'enfant doit estre res-pectueux en-uers tous.

Il

Cum maioribus reuerenter loquendum, *& paucis : cum equalibus amanter &* *comiter. Inter loquendum pileum læua te-* *neat, dextra leuiter admota vmbilico: aut* *quod decentius habetur, pileum vtraque* *manu iunſta ſuſpenſum pollicibus emi-* *nentibus, tegat pubis locum. Librum aut* *galerum ſub axilla tenere, ruſticius habe-* *tur. Pudor adſit, ſed qui decoret, non* *qui reddat attonitum. Oculi ſpectent eum* *cui loqueris, ſed placidi ſimplicéſque, ni-* *hil procax improbúmve præ ſe ſeren-* *tes.*

Catoplepas
fera modica
caput ſemper
habens in
terram deie-
ctum præ
grauitate.
Plin lib. 8.
cap. 21.

Oculos in terra deiicere (quod fa- *ciunt Cotoblepæ) malæ conſcientiæ ſuſpi-* *cionem habet.*

Tranſuerſum tueri, videtur aduerſan- *tis. Vultum huc illuc voluere, leuitatis* *argumentum eſt. Indecorum eſt interim* *vultum in varios mutare habitus, vt nunc* *corrugetur naſus nunc contrahatur* *frons, nunc attollatur ſupercilium, nunc* *diſtorqueantur labra, nunc diducatur* *os, nunc prematur: hæc animum arguunt.*

Pro-

Il faut parler reueremment, & en peu de
parolles auec plus grands que toy, auec tes
efgaux , amiablement & gracieufement:
Tiens ton chappeau de la main gauche en
parlant à quelqu'vn, ayant la dextre doucement pofee fur le nombril, ou comme l'on le
trouue plus decent à deux mains fufpendu,
de telle forte, les poulces apparoiflans ; qu'il
couure la partie de deffoubs. Mettre fon bonnet ou fon liure foubs fon aiffelle, eft vne contenance qui eft plus ruftique qu'autrement.
Que la honte foit recogneuë en l'enfant, mais
qu'elle luy foit bien feate, & ne le rende efton-
né ; Regarde toufiours celuy à qui tu parleras,
mais d'vne façon douce & modefte , fans faire recognoiftre rien de lafcif, ny de mef-
chant.

Auoir les yeux en terre à la mode des Catoblepes, donne vn foupçon de mauuaife con-
fcience.

Regarder de trauers, donne à penfer que
l'on veut mal à quelqu'vn. Tourner les yeux
çà & là, eft vn argument de legereté d'efprit:
C'eft vne mauuaife contenance de changer
fouuent de vifage, ores froncer le nez, ores fe
renfrongner, maintenant hauffer les fourcils,
maintenant remuer les leures, auoir ores la
bouche ouuerte, ores clofe : telles façons de
faire font iuger vn homme en fes humeurs
auffi muable & changeant que Protee. Semblablement eft-ce vne chofe mal-honnefte de
ietter fes cheueux de cofté & d'autre , en fe-

Catoblepes
petits ani-
maux , qui
pour la pe-
fanteur de
leurs teftes
ont toufiours
le nez en
terre.
Contenance
en parlant.

K

* Quo teneã vultus mutantem pratea nodo.

* Protei similem . Indecorum & illud, concusso capite iactare comam, sine causa tussire, screare, quemadmodum & manu scabere caput, scalpere aures, emungere nasum, demulcere faciem, quod est veluti pudorem abstergentis, suffricare occipitium , humeros abducere, quod in nonnullis videmus Italis. Rotato capite negare , aut reducto accersere, & ne persequar omnia, gestibus ac nutibus loqui, vt virum interdum decet puerum minus decet.

Illiberale est iactare brachia, gesticulari digitis , vacillare pedibus, denique non lingua , sed toto corpore loqui : quod turturum esse fertur, aut * motacillarum, nec multum abhorrens à picarum moribus.

* Motacilla auis semper mouens caudam siue cauda tremula.

Vox sit mollis ac sedata, non clamosa, quod agricolarum, nec tam pressa, vt ad aures eius cui loqueris non perueniat. Sermo sit non praceps & mentem pracurrens , sed lentus & explanatus. Hoc etiam naturalem battarismum aut hasitationem si non in totum tollit, certè magna ex parte mitigat, quum pracipitatus

couant la teste, touffer fans qu'il en foit befoing, cracher, comme auffi de fe gratter la tefte auec les doigts, fouiller en fes oreilles, fe
moucher, couler la main fur fon vifage, qui
eft, comme fi l'on vouloit nettoyer fa honte,
fe gratter le derriere de la tefte, & friponner
des efpaules, comme nous remarquons en
quelques-vns : Refufer quelque chofe en remuant la tefte, ou appeller quelqu'vn, en la
retirant; & afin que ie ne pourfuiue iufques au
bout, parler par fignes & gefticulations, encores que les hommes le puiffent faire fans en
eftre blafmez, il n'eft pas bienfeant aux enfans.

C'eft chofe mal honnefte de porter fes bras *Des bras.*
çà & là, de faire des cingeries auec les doigts,
de ne pas fe tenir ferme fur les pieds, bref ne
point parler, tant de langue, comme du refte
de tout le corps, qui eft le propre des Tour-
terelles, ou de ces oyfeaux qui branflent toufiours la queuë, ou pluftoft des pies.

Que la voix de l'enfant foit douce & pofee, *De la voix.*
non trop haute, comme celle des payfans, ny
fi foible qu'elle ne puiffe paruenir aux oreilles
de celuy à qui tu parles. Que ta parolle
ne foit point trop precipitee, & qu'elle ne
deuance point ta penfeee, mais donne toy le
loifir de parler, & te rends intelligible. Et fi
cela ne corrige du tout cefte trop grande
promptitude naturelle de parler, ou hefita-
tion, certainement cela amoindrira pour la
plufpart tel deffaut ; Veu mefmes que l'accou-

sermo multis vitium concitet quod non
dederat natura.

Inter colloquendum subinde titulum
honorificum eius quem appellas repetere
ciuilitatis est. Patris ac matris vocabulo
nihil honorificentius, nihil dulcius. Fratris sororisue nomine nihil amabilius, Si
te fugiunt tituli peculiares, omnes eruditi,
sint tibi praeceptores obseruandi : omnes
sacerdotes ac monachi, reuerendi patres,
omnes aequales, fratres & amici : breuiter,
omnes ignoti, domini : ignotae, domi-
ne.

Ex ore pueri turpiter auditur iusiu-
randum, siue iocus sit, siue res seria. Quid
enim turpius eo more, quo apud nationes
quasdam ad tertium quodque verbum de-
ierant etiam puellae, per panem, per vinum, per candelam, per quid non.

Obscoenis dictis nec linguam praebeat
ingenuus puer, nec aures accommodet.
Denique quicquid iuhoneste nudatur oculis hominum indecenter ingeritur auribus.

ftumance que l'on prend de parler trop preci-
pitamment, a caufé vn vice de la langue en
plufieurs, qui de nature n'en auoyent aucun.

Repeter fouuentesfois l'honnorable qualité de celuy a qui tu parleras, eft vne efpece de
ciuilité : il n'eft rien fi doux ny de fi honnefte
que le nom de pere & de mere : Il n'eft rien de
plus aimable que le nom de frere & de fœur;
Si particulierement tu ne cognois les perfon-
nes pour leurs qualitez, que tous les gens de
lettres foyent tes Maiftres, tous Preftres &
Religieux, reuerends Peres, tous ceux qui
ferôt tes efgaux, tes freres & tes amis: Bref les
hommes & les femmes que tu ne cognois pas,
tu les dois appeller Meffieurs & mes-Dames.

C'eft vne chofe deshonnefte d'ouïr iurer vn
enfant, foit en chofe ioyeufe, ou ferieufe:
Car qui a il rien de plus vicieux que cefte cou-
ftume, de quelques nations, qui ne f au-
royent proferer trois parolles fans iurer, & les
filles mefmes, par le pain, par le vin, par la
châdelle : Bref par quelle chofe ne iurent elles
point.

*Iurement &
parolles fal-
les defen-
dues.*

Que l'enfant bien fage ne tienne point des
propos fales & deshonneftes, & pareillement
qu'il ny prefte l'oreille : Finalement tout ce
qui ne peut eftre honneftement expofé aux
yeux de tout le monde, ne doit eftre auffi ef-
couté qu'auec deshonneur: S'il faut nommer
quelque partie honteufe, il faut fe faire en-
tendre par vn defguifement de parolles accompaigné de quelque honte.

K iij

Si res exigat vt aliquod membrum pu-
dendum nominetur, circuitione verecun-
da rem notet. Rursus siquid incideri
quod auditori nauseam ciere possit, velu-
ti siquis narret vomitum, aut latrinam,
aut oletum, præfetur honorem auribus.

Si quid refellendum erit, caue dicat,
Haud vera prædicas: præsertim si loqua-
tur grandiori natu: sed præfatus pacem di-
cat, mihi secus narratum est à tali.

Puer ingenuus cum nemine contentio-
nem suscipiat, ne cum æqualibus quidem,
sed cedat potius victoriam, si res ad iur-
gium veniant, aut ad arbitrum prouocet.

Ne cui se præferat, ne sua iactet, ne
cuiusquam institutum reprehendat, aut
vllius nationis ingenium morésve sugillet:
ne quid arcani creditum euulget: ne nouos
spargat rumores, ne cuius obtrectet famæ,
ne cui probro det vitium natura insitum.
Id enim non solùm contumeliosum est &
inhumanum, sed etiam stultum: veluti si
quis luscum appellet luscum: aut loripe-
dem, loripedem: aut strabum, strabum:
aut nothum, nothum. Nis rationibus

Si d'auantage il arriue de parler de quelque chose qui puisse donner mal au cœur de l'oyant comme si quelqu'vn parle d'vn vomissement d'vn priué, ou de quelque chose sale, que premierement il s'excuse & prie la compaignie que cela ne leur offence les oreilles.

S'il faut refuter ou desnier quelque chose, que l'enfant se garde de dire, tu ne dis pas vray, principalement si son propos s'adresse à plus eagez que luy : Mais ayant premierement dit, sauf vostre honneur, il pourra dire, ie sçauois autrement entendu d'vn tel.

Contredire auec modestie.

L'enfant bien apris ne doit prendre querelle auec personne, non pas mesme auec ses esgaux: mais quittera plustost, si la chose vient en dispute, ou bien qu'il s'en rapporte à vn tiers.

Qu'il ne se prefere à aucun, qu'il ne se vante point pour chose qui soit sienne: qu'il ne reprenne les entreprinses & desseins d'autruy, ou qu'il ne blasme l'esprit & les mœurs des autres nations; qu'il ne reuelle point le secret que l'on luy aura dit, qu'il ne seme point de nouueaux bruits, qu'il ne detracte de personne, qu'il ne reproche à personne les imperfections qu'il aura eu de nature: Car c'est acte n'est pas seulement plein d'iniure & d'inhumanité, mais aussi de folie : comme si l'on appelle louche celuy qui est louche, vn boiteux, boiteux, vn bigle, bigle, vn bastard, bastard. Par tels deportemens arriue-

fiet, vt sine inuidia laudem inueniat, &
amicos paret.

Interpellare loquentem antequam fa-
bulam absoluerit, inurbanum est. Cum
nemine simultatem suscipiat, comitatem
exhibeat omnibus, perpaucos tamen ad
interiorem familiaritatem recipiat, eof-
que cum delectu.

Ne cui tamen credat quod tacitum ve-
lit: ridiculum enim est ab alio silentij fi-
dem expectare, quam ipse tibi non prae-
stet. Nullus autem est adeò linguae conti-
nentis, vt non habeat aliquem in quem
transfundat arcanum: tutissimum autem
est nihil admittere cuius te pudeat si profe-
ratur.

Alienarum rerum ne fueris curiosus:
& siquid fortè conspexeris audierísue, fac
quod scis nescias.

Literas tibi non oblatas limis intueri
parum ciuile est.

Si fors te praesente scrinium suum ape-
rit aliquis, subducito te: nam inurbanum
est inspicere, contrectare aliquid inurba-
nius, item si senseris inter aliquos secretius
oriri colloquium, submoue te dissimulan-
ter, & in eiusmodi colloquium ne te-
                                    met

ra qu'il acquerra de l'honneur sans enuie, &
qu'il fera des amis.

D'interrompre le discours de celuy qui parle auparauant qu'il ayt paracheué de dire, est
vn tour d'inciuilité. Qu'il n'aye ny noise, ny
debat auec personne, qu'il soit affable &
courtois à tous, toutesfois qu'il n'en reçoiue
que fort peu à vne estroicte familiarité, &
apres vne longue election.

Que iamais il ne descouure le secret qu'il ᴺᵉ ᵈⁱʳᵉ ˢᵒⁿ
veut estre caché : Car c'est vne chose ridicule ˢᵉᶜʳᵉᵗ⸳
que d'esperer d'autruy la foy du silence, que
toy-mesme tu n'as peu garder: Car il n'y a personne qui soit si retenu de parler, qui ne soit
bien aisé de dire à quelqu'vn le secret que l'on
luy a dit: mais le plus asseuré, c'est de ne rien
commettre qui nous face ruogir, quand il
auroit esté diuulgué par tout le monde.

Ne sois curieux des affaires d'autruy, & si
par cas fortuit, tu as veu ou entendu quelque
chose, faicts semblant de ne pas sçauoir ce
que tu sçais.

Regarder en cleignant les yeux les lettres
qui ne te sont point presentees, c'est chose
peu ciuile.

Si quelqu'vn ouure son cabinet en ta pre-
sence, retire toy arriere : Car c'est chose inciuile de regarder dedans, & plus encores de
toucher à quelque chose : Si pareillement tu
apperçois quelques-vns qui parlent en secret,
reculle toy, sans donner à cognoistre que
tu les ayes veu, & ne t'entremesle en leurs

L

met ingeras non accitus.

In lusibus liberalibus adsit alacritas,
absit pertucacia, rixarum parens, absit
dolus ac mendacium : nam ab his rudi-
mentis proficiscitur ad maiores iniurias.
Pulchrius vincit qui cedit contentioni,
quàm qui palmam obtinet.

Arbitriis ne reclamita. Si cum impe-
ritioribus certamen est, posßisque semper
vincere, nonnumquam te vinci patere,
quò ludus sit alacrior. Si cum inferioribus
luditur, ibi te superiorem esse nescias. Animi causa ludendum est, non lucri gratia.
Aiunt puerorum indolem nusquam magis
apparere, quàm in lusu. Si cui ad dolos,
ad mendacium, ad rixam, ad iram, ad
violentiam, ad arrogantiam propensius
ingenium, hîc emicat nature vitium,
proinde puer ingenus non minùs in lu-
do , quàm in conuiuio sui similis
sit.

In cubiculo laudatur silentium & ve-
recũdia. Certè clamor & garrulitas indecora est, multò magis in lecto. Siue quum

diſcours ſans y eſtre appellé.

Es ieux & paſſetemps honneſtes il y faut *Les conditiõs* apporter de la gaillardiſe, qu'il ny ait iamais *du ieu.* d'opiniaſtreté, laquelle engendre les noiſes & diſputes, que la tromperie & le menſonge en ſoient pareillement eſloingnez : Car ces petits cõmencemens ſeruét d'acheminement pour en venir à de plus grandes iniures. Ce-luy-là gaigne bien d'auátage, qui quitte ce qui eſt en debat, que non pas celuy qui l'emporte.

Quand tu auras eſté iugé, ne crie cõtre ceux qui t'auront donné leur iugement. Si tu ioües contre aucuns qui n'entendent pas bien le ieu comme toy, & que tu puiſſes touſiours gai-gner quand tu voudras, laiſſe toy perdre quelquesfois, afin qu'il y ait plus de plaiſir au ieu. S'il t'arriue de te mettre à iouer auec tes inferieurs, faicts toy leur compaignon, & feins de ne pas ſçauoir que tu és quelque cho-choſe plus qu'eux : Il faut iouer par plaiſir & non par auarice. On dit que les enfans ne font iamais mieux cognoiſtre leur naturel qu'au ieu : Si l'eſprit de quelqu'vn eſt de ſa nature en-clin à la trõperie, au méſonge, aux querelles, à la cholere, à la violéce, à l'arrogáce, c'eſt au ieu que le deffaut & vice de la nature ſe manifeſte, & partant que l'éfant bien ſage ne ſoit moins ſemblable à ſoy-meſme, au ieu qu'à la table.

Le ſilence & la honte ſont loüez eſtant en *Comment ſe* la chambre, certainement le bruit & le ca- *doit l'enfant* quet eſt choſe deshonneſte & indecente, & *comporter à* beaucoup d'auantage eſtant dedans le lit : Soit *la chambre.*

L ij

exuis te, siue quum surgis, memor vere-
cundiæ caue ne quid nudes aliorum oculis,
quod mos & natura tectum esse voluit.
Si cum sodale lectum habeas communem,
quietus iaceto, neque corporis iactatione
vel teipsum nudes, vel sodali detractis
palliis sis molestus.

Prius quàm reclines corpus in ceruical
frontem & pectus signa crucis imagine,
breui precatiuncula temet Christo com-
mendans. Idem facito quum mane primùm temet erigis, à precatiuncula diem
auspiciens: non enim potes ab omine feli-
ciore.

Simul ac exoneraueris aluum, ne quid
agas, nisi prius lota facie manibusque, &
ore proluto. Quibus contigit bene nasci,
his turpe est, generi suo non respondere
moribus. Quos fortuna voluit esse ple-
beios, humiles, aut etiam rurestres, his
impensius etiam adnitendum est, vt quod
fors inuidit, morum elegantia pensent.

Nemo sibi parentes aut patriam eli-
gere potest, at ingenium morésque sibi

quand tu te mets au lit, soit que tu te leues,
souuiens toy de n'estre point effronté, garde
de monster à nud aux autres quelque partie
du corps que la nature & la coustume ont
voulu estre cachee: Si tu as vn lit commun
auec ton compagnon, ne fretille point estant
couché, de peur que par le remuement de
ton corps tu ne te descouures, ou que tu faces
desplaisir à ton compaignon, en luy tirant la
couuerture de dessus luy.

Auparauant que tu appuyes ta teste sur le
cheuet, fais le signe de la croix sur ton front,
& sur ta poictrine, & te recommandant à
Dieu par vne briefue oraison, faicts le mesme
au matin, quant premierement tu te leues,
commençant le iour par vne petite oraison:
Car tu ne sçaurois commencer la iournee par
vn meilleur augure.

Apres que tu auras esté à la garderobbe, ne
faicts rien qu'auparauant tu n'ayes laué ta face
tes mains & ta bouche: C'est chose honteuse
& deshonneste aux enfans qui sont nais de
parés sages & vertueux de degenerer & de n'e-
stre pas semblables à ceux qui les ont engen-
drez. Ceux que la fortune a faict naistre de
condition basse abiecte & de gens de village,
il se doiuent s'esuertuer & efforcer plus soigneusement à suppleer à ce deffaut, & re-
compenser ce en quoy la fortune leur a esté en-
uieuse par vn entreget & elegance de mœurs.

Il n'est pas en la puissance de tous les hômes
du môde de se choisir, ny des parés, ny vn païs

quisque potest fingere.

Colophonis vice addam præceptiuncu-
lam, quæ mihi videtur prope modum primo digna loco.

Maxima Ciuilitatis pars est, quum ipse nusquam delinquas aliorum delictis fa-
cilè ignoscere: nec ideo sodalem minus habere charum, si quos habet mores incon-
ditiores. Sunt enim qui morum ruditatem
alijs compensent dotibus. Neque hæc ita
præcipiuntur, quasi sine his nemo bonus
esse possit. Quòd si sodalis per inscitiam
peccet, in eo sanè quod alicuius videtur
momenti, solum ac blandè monere ciuilitatis est.

Hoc quicquid est muneris, fili clarif-
sime, vniuerso puerorum sodalitio per te
donatum esse volui, quo statim hoc con-
giario simul & commilitonum tuorum
animos tibi concilies, & illis liberalium
artium ac morum studia commendes.
Præclaram indolem tuam I E S V benig-
nitas seruare dignetur, semperque in me-
lius prouehere. Datum apud Fribur. men-
se Martio, anno M. D. XXX.

FINIS.

où ils doiuét prédre naiſſáce:mais chacũ peut
dreſſer & façonner ſon eſprit & ſes mœurs.

Pour concluſion i'adiouſteray vn petit ad-
uertiſſemét & precepte,lequel me ſemble qua-
ſi digne d'auoir deu eſtre mis au premier rang.

La partie principalle de la Ciuilité conſiſte
à pardonner fort volontiers les fautes d'autruy (& encores que tu n'en commette aucune) de n'aymer moins cherement ton compagnon qui aura quelque choſe de rude &
mal poly en ſes mœurs, & en ſes façons de faire: Car il y en a qui recõpenſent tels manque-
mens par d'autres perfections d'eſprit. D'a-
bondant toutes ces choſes que nous auons
icy preſcriptes & ordonnees, ne ſont telle-
mẽt neceſſaires, que ſans icelles l'on ne puiſ-
ſe eſtre homme de bien . Que ſi ton compaignon par ignorance vient à faire quelque fau-
te, ſi la choſe en laquelle il a failly eſt de conſe-
quéce; c'eſt vn tour de ciuilité de le reprédre
quand il ſera ſeul, & encores tout doucement.

Ores mon treſ-cher fils, i'ay voulu que tu
ayes faict ce preſent, tel qu'il eſt, à la compaignie de tous les enfans , afin que par ceſte lar-
geſſe tu t'aquerre la bien veillance de tes com-
paignõs, & afin que tu leur face auoir en ſin-
guliere recommédation l'eſtude des ſciences
liberales, & des bonnes mœurs. Ieſus-Chriſt
par ſa benigne faueur daigne conſeruer ta bel-
le ieuneſſe , & luy face la grace d'aller touſiours de bien en mieux. A Frib. au mois de
Mars , M. D. XXX.

F I N.

Æquè pauperibus proderit
lócupletibus æquè,

Æquè neglectum pueris
fenibufque nocebit.

Horat.

www.ingramcontent.com/pod-product-compliance
Lightning Source LLC
LaVergne TN
LVHW050644090426
835512LV00007B/1030